EL CAMINO
A LA
FELICIDAD

Orison Sweet Marden

EL CAMINO A LA FELICIDAD

TALLER DEL ÉXITO

EL CAMINO A LA FELICIDAD

Taller del Éxito Inc.
1669 N.W. 144 Terrace, Suite 210
Sunrise, Florida 33323
Estados Unidos

Editorial dedicada a la difusión de libros y audiolibros de desarrollo personal, crecimiento personal, liderazgo y motivación.

ISBN: 1-931059-20-9

Printed in Colombia

1ª edición, abril de 2007

ÍNDICE

INTRODUCCIÓN

Quien lea el título de este libro puede pensar que el autor está sugiriendo que al tomar un camino determinado, es posible llegar al lugar donde encontraremos la fuente de la felicidad y experimentaremos la alegría de vivir. Pero lo cierto es que a lo largo de estas páginas el lector encontrará el verdadero principio encerrado en este título: La felicidad no se encuentra en un punto en la distancia, sino en el camino mismo; se encuentra caminando y viviendo cada día de nuestra vida al máximo.

Este libro de Orison Swett Marden está basado en una de sus obras más hermosas, "The Joys of Living" (La Alegría de Vivir). A través de toda la obra, el autor nos muestra que la felicidad no es el producto de los triunfos únicamente, ni se nos da automáticamente con el logro del éxito financiero. La felicidad es el resultado de saber que hemos dado nuestro mejor esfuerzo. Tanto los triunfos como las caídas son importantes para alcanzar el éxito. Es fácil mantener una actitud positiva cuando todo sale tal como lo hemos planeado; lo verdaderamente significativo es mantener ese mismo optimismo cuando las cosas no salen como las habíamos proyectado. La felicidad es el resultado de vivir una vida con un propósito que no sólo nos beneficie a nosotros, sino que contribuya al éxito y crecimiento de otras personas.

Orison Swett Marden, quien es considerado como el fundador del movimiento moderno del éxito en Estados Unidos, nació en 1850 en el seno de una familia pobre, en una granja de la zona de Nueva Inglaterra, en los Estados Unidos. Se graduó en la Universidad de Boston en 1871, y posteriormente de la Universidad de Harvard. Fue él quien tendió un puente entre las viejas nociones del éxito y los nuevos modelos que popularizaron autores como Napoleón Hill, Dale Carnegie, Og Mandino, Earl Nightingale y Norman Vincent Peale, entre otros.

Durante su época de la universidad trabajó en la gerencia de un hotel y fue tan exitoso que cuando terminó su entrenamiento formal ya había ahorrado veinte mil dólares. Más tarde adquirió una cadena de hoteles en el estado norteamericano de Nebraska, pero en 1892 debido a algunos reveses financieros tuvo que emplearse otra vez como encargado de un hotel en Chicago. Después regresó a Boston para comenzar nuevamente. Una vez allí, reunió sus ideas y escribió especialmente sobre aquellas relacionadas con el optimismo, que era el tema central en sus escritos.

En 1897 fundó la revista *Success*, que alcanzó una circulación de casi medio millón de ejemplares, un tiraje enorme para aquella época. La revista circuló hasta su muerte en 1924, sólo con una interrupción de seis años, durante una época en que Marden debió enfrentar grandes dificultades financieras.

Los títulos alegres de sus libros expresan elocuentemente la actitud de optimismo y confianza que siempre lo caracterizó, aun en sus circunstancias más difíciles. Marden fue una figura altamente influyente en toda una nueva generación de emprendedores que encontraron en sus libros los secretos para construir una vida productiva, plena y feliz.

CAPÍTULO UNO
En busca de la felicidad

*P*or entre los altos robles y las hiedras perseguí la felicidad buscando con ansiedad hacerla mía, pero siempre huyó de mí. Corrí tras ella por cuestas y cañadas, por campos y praderas, por valles y torrentes hasta escalar las imponentes cumbres donde habita el águila. Crucé veloz tierras y mares; pero, una y otra vez, la felicidad esquivó mis pasos. Desfallecido y agotado, desistí de perseguirla y me dispuse a descansar en una playa desierta.

Un hombre pobre me pidió de comer, y poco después, otro me suplicó que le diera una limosna. Puse el pan y la moneda en las manos necesitadas de cada uno de ellos. Otro vino buscando consuelo y otro rogando amistad. Con cada uno de ellos compartí lo mejor que pude aquello que tenía. Fue entonces que, en forma divina, se me apareció la dulce felicidad y suavemente susurró a mi oído, diciendo: "Soy tuya".

La felicidad es el destino de todo ser humano. Todos esperamos tener goces y placeres duraderos. Si nos preguntaran cuáles son nuestros tres anhelos más ardientes, la gran mayoría respondería: salud, riqueza y felicidad; pero si la pregunta se centrara en el mayor de los anhelos, con seguridad, la mayoría respondería: La felicidad.

Es cierto que todo ser humano anda en la eterna búsqueda de la felicidad. Todos nos esforzamos en mejorar nuestras condiciones de vida, en vivir con mayor desahogo y en librarnos de tareas duras, creyendo que todo esto nos dará la felicidad. Sin embargo, ¡cuán pocos han logrado poseerla y cuántos menos han logrado saber lo que es!

Quien ha ido en busca de la felicidad no la ha hallado donde esperaba encontrarla. Nadie puede hallarla si va detrás de ella, porque ésta surge de nuestras acciones y no del resultado de perseguirla hasta acorralarla.

Tan sencilla es la verdadera felicidad, que la mayoría de la gente la tiene al frente sin darse cuenta. Ella es hija de la tranquilidad. No vive entre los ruines ideales del egoísmo, la ociosidad y la discordia. Por el contrario, habita en la armonía y la verdad.

Muchos hombres han conseguido grandes riquezas, sólo para ver su incapacidad para disfrutarlas. Por ello solemos decir de algunos: "Tiene dinero y no lo aprovecha". Muchas personas se afanan con tal empeño en ser felices en este mundo, que causan su propia miseria.

Quien la persigue con propósitos egoístas, nunca la encontrará, ya que ella esquiva los pasos de quien la solicita con egoísmo, porque la felicidad y el egoísmo son incompatibles. Ningún ser humano, por rico que sea, la encontrará jamás, si la desea sólo para él.

Quienes con mayor desinterés aprecian las cosas sencillas, disfrutan más la vida. El apreciar cada circunstancia de la vida en todo su valor, acrecienta nuestra felicidad. Sin embargo, muchas personas son infelices la mayor parte del tiempo porque sólo aprecian aquello que les produce comodidad y satisface sus placeres y apetitos.

Aquellas personas que siempre están pensando en sí mismas y sólo ambicionan lo que satisfaga sus ansias egoístas nunca hallarán lo que buscan. La felicidad se encuentra en el sentimiento del bien, y sólo puede ser feliz quien se interesa por el bien de los demás.

No puede haber mayor desilusión para un ser humano, que no encontrar la felicidad después de consumir los mejores años de su vida. Que gran sorpresa se llevan aquellos que enfocan todas sus energías en la búsqueda de la riqueza, ignorando por completo a quienes están a su alrededor, descuidando su crecimiento personal y no tomando en cuenta todo aquello que verdaderamente vale en la vida.

Si alguien concentra toda su capacidad en la ganancia de dinero, y descuida el desarrollo de los valores y facultades morales que le permitan observar la verdadera felicidad, no tendrá nada de valor cuando se retire de los negocios.

Muchas personas arruinan su capacidad para ser felices, mientras buscan los medios para poseerla. Aun los mismos criminales se imaginan que por el crimen han de mejorar de condición; que el robo los enriquecerá y el asesinato los librará de un enemigo de su dicha. Sin embargo, no puede ser feliz aquel a quien le atormentan sus malas acciones.

La felicidad no tiene cabida en el corazón de quien acoge pensamientos de venganza, envidia, celos y odio. Si no tiene limpia la conciencia, ningún estímulo ni riqueza alguna le proporcionarán verdadera felicidad.

En cambio, han sido muchas las personas que aún frente a muy adversas circunstancias encontraron felicidad, sólo por haber obrado con justicia. Igualmente, muchos han sido los que al no actuar con rectitud son infelices, a pesar de tener satisfechas todas sus necesidades materiales.

Todos nos esforzamos en mejorar la suerte, en procurarnos mayores comodidades, en lograr una mejor posición que la que tenemos, pero la verdadera felicidad no consiste en comer, beber, oír o ver más, ni en la satisfacción de nuestros apetitos y deseos, sino que es fruto del esfuerzo noble y de la vida útil.

La felicidad aparece cuando decimos una palabra afectuosa a quien necesita oírla, cuando actuamos de manera noble o tenemos un impulso generoso. La sentimos con cada pensamiento recto, con cada palabra o acción compasiva, así no la estemos buscando.

Quien ande en busca de la felicidad, debe recordar que dondequiera que vaya sólo encontrará lo que haya llevado consigo.

La felicidad no está jamás fuera de nosotros ni tiene otros límites que los que nosotros mismos le señalamos. Nuestra aptitud para apreciar y gozar determinará los límites de nuestra felicidad.

Es imposible encontrar a nuestro alrededor algo que no se encuentre en nuestro interior. La felicidad nace de la expresión vigorosa y espontánea de lo mejor de lo que somos capaces. Nuestro error está en que la buscamos donde no existe: en lo transitorio y perecedero. Ella viene de dar y entregar, no de recibir y retener.

Sin querer decir que esté mal desear gozar de un mejor estilo de vida, debemos recordar que jamás seremos felices atesorando riquezas, por valiosas que sean, ya que lo que el ser humano es, y no lo que tiene, es lo que labra su felicidad o su infortunio.

El corazón humano siempre está hambriento; pero la infelicidad es el hambre de adquirir, mientras que la felicidad es el hambre de dar. Ella borra todo vestigio de tristeza.

La felicidad es el premio por los servicios prestados a nuestros semejantes, del heroico esfuerzo en desempeñar nuestro papel y cumplir nuestro deber con el mundo. Se deriva del deseo de ser útil, de mejorar el mundo de modo que haya menos penas en él a causa de nuestros esfuerzos.

Las palabras de aliento, las ayudas no solicitadas pero oportunas, el trato amable, los deberes fielmente cumplidos, los servicios desinteresados, la amistad, el afecto y el amor, son cosas que, no obstante su sencillez, nos ayudan a encontrar y poseer la felicidad.

William D. Howells decía: "Para mí, la vida no ha de ser como una cacería perpetua de la felicidad personal, sino el anhelo de conseguir la felicidad de toda la familia humana. ¡No hay otro éxito! ¡Ah! ¿Cuándo será que todo ser humano finalmente entiende que su mayor objetivo es el bien de la humanidad, de modo que la paz se extienda como un lienzo de luz sobre la tierra y como una red a través del mar?"

CAPÍTULO DOS

El encuentro de la felicidad en la vida cotidiana

*J*ohn Dryden solía decir: "Feliz quien puede llamar suyo el día en que vive y para sus adentros piensa: mañana Dios dirá, porque ya viví hoy".

Es indudable que el mejor lugar donde podemos estar es aquel donde se halla la alegría. Si un habitante de otro planeta nos visitara, seguramente creería que marchamos hacia un lejano destino; que estamos esperando en una estación del viaje, sin desempacar nuestro equipaje, sólo con lo estrictamente necesario para nuestro paso.

El visitante encontraría muy pocas personas realmente satisfechas con su vida diaria, pues se daría cuenta que la mayoría tienen sus ojos puestos en algo más allá del hoy, en algo que ha de suceder mañana. Estas personas no viven en el hoy y en el ahora, sino que confían en vivir mañana, el año que viene, cuando sus negocios prosperen, cuando crezca su fortuna y se muden a la casa nueva, con muebles nuevos, y adquieran el nuevo automóvil, de manera que puedan desechar todo cuanto ahora les molesta, para rodearse de más comodidades. Les parece que entonces serán felices, pues hoy no disfrutan verdaderamente.

Tenemos la mirada tan enfocada en lo que está por venir, en un destino distante, que no nos damos cuenta de toda la belleza que hay a nuestro alrededor. Enfocamos los ojos en las cosas lejanas y no en las cercanas. Tan acostumbrados estamos a vivir pensando en el futuro, que olvidamos vivir el presente y disfrutar la vida cotidiana.

Vivimos para mañana y cuando ese mañana llega sigue habiendo otro mañana. Somos como niños que persiguen el arco iris. ¡Qué alegría si pudiéramos atraparlo! Pasamos la vida negociando con la suerte y construyendo castillos en el aire. Nunca creemos haber llegado; creemos que la época ideal de nuestra vida aún está lejos.

Muchos de nosotros estamos continuamente insatisfechos, impacientes y nerviosos. Nos consideramos infelices. Hay en nuestros ojos una mirada lejana que expresa cuán fastidiados estamos de la vida cotidiana, pues no vivimos en el día de hoy, sino que nuestra mente está ocupada en solucionar los problemas del futuro.

La mayoría quisiera vivir en otra parte, encontrarse en otro lugar, menos donde están. Muchos se transportan al pasado para recordar las oportunidades que perdieron, las magníficas ocasiones que desaprovecharon; y al hacerlo están malgastando el precioso presente que hoy les parece poco apreciable, y que mañana apreciarán en todo su valor.

Lamentablemente, sólo parecemos ver virtudes y cualidades en aquellas ocasiones que ya han pasado de largo. Sólo cuando ya las hemos perdido, podemos ver las grandes oportunidades que dejamos de aprovechar. ¡Qué no haríamos si se nos volvieran a presentar!

Muchas personas malogran su dicha con el recuerdo de infortunados errores o amargas experiencias de un pasado infeliz. Para ser dichoso es necesario ahuyentar, borrar, sepultar y olvidar todo cuanto sea desagradable o despierte en nuestra memoria recuerdos tristes, ya que estas cosas no pueden hacer nada por nosotros, sino socavar la vitalidad que necesitamos para corregir nuestros errores y reparar nuestras adversidades.

En un congreso de agricultura le preguntaron a un viejo granjero qué terreno le parecía más apropiado para el cultivo de cierto fruto, a lo que él respondió: "No importa tanto la clase de tierra en que se siembre, como la clase de hombre que vaya a sembrarla". El labrador preparado en su arte saca provecho del suelo pobre, mientras que el inepto vive en la miseria, aún en el terreno más fértil.

La felicidad no depende tanto de las circunstancias favorables, como de la actitud de nuestra mente. Cualquiera es capaz de encontrarla cuando vive en condiciones ideales. Solamente el ser equilibrado y dueño de sí mismo es capaz de hallarla aún en medio de las condiciones más difíciles y hostiles. Si no llevamos la semilla de la felicidad en nuestro interior, no la hallaremos en ninguna parte.

Nuestro desconsuelo viene casi siempre debido a que celebramos únicamente aquellas cosas que creemos extraordinarias y menospreciamos las sencillas, en cuyo aprecio podríamos encontrar consuelo y deleite.

Muchos de aquellos que se esfuerzan honradamente en cumplir lo mejor posible sus deberes y obligaciones, encuentran imposible descubrir algo de felicidad en las tareas monótonas de su profesión. Excelente lección les darían a estas personas las abejas, que, sin perder un instante del día, buscan la miel hasta en las flores ponzoñosas y la maleza que, a nuestro parecer, no sirven para nada bueno. Si alguna vez somos felices, será porque de nuestro ambiente habremos extraído la felicidad, sin importar que tan desalentadoras puedan ser las condiciones reinantes.

No conoce el gran secreto de la vida quien no sabe forjarse por sí mismo la felicidad en el trabajo cotidiano, con todas sus pruebas, contrariedades, obstáculos, molestias y contratiempos. De estos deberes cotidianos, de la lucha de la vida diaria, de la discrepancia de opiniones y actitudes de este mundo, debemos sacar la miel de la vida, como la abeja lo hace con toda especie de flores y malezas.

El mundo está lleno de inexploradas minas de felicidad. Donde quiera que vayamos encontraremos variedad de materiales de los que, si supiéramos elaborarlos, extraeríamos la felicidad. "Todas las cosas tienen su valor, con tal que acertemos a apreciarlas por lo que valen".

¿Nunca te has detenido a considerar que el tiempo que ahora desperdicias es el mismo que mirado un día desde lejos te parecía tan precioso; que los momentos que ahora malgastas son los mismos que prometiste no soltar hasta arrancarles su máximo provecho? ¿Por qué te parece ahora un desierto árido el mismo paraje que, cuando lo mirabas hacia el futuro, te parecía un paraíso?

Estás descontento y desalentado y eres infeliz porque no encuentras la vasija llena de oro al final del arco iris, como dice la fábula. Mientras tanto, desperdicias en inútiles lamentos el tiempo que, debidamente empleado, convertiría en paraíso el desierto que tienes frente a ti. Te imaginas que al llegar al porvenir van a caer los frutos en tu regazo sin labrar el suelo, ni plantar la semilla y regar la tierra. Tenías planeado cosechar donde no habías sembrado. Estás todavía mirando hacia adelante y corres tras un espejismo.

Un día despertaremos para descubrir, quizá demasiado tarde, que no podemos pretender tener algo en nuestra vida adulta cuyo precio no hayamos pagado en nuestra juventud.

No desperdicies el tiempo porque él es la vida misma

¡Cuán pocos advierten la relación que existe entre el tiempo y la vida! No entienden que el tiempo es la vida misma. Les parece que pueden desperdiciarlo en todo tipo de trivialidades sin afectar o deteriorar su vida.

Considera que cuando pierdes un día, o cuando, todavía peor, lo desperdicias en hábitos que deterioran tu carácter, estás echando a perder parte de tu vida. Lo peor de todo, es que al llegar a viejo, con seguridad darías cualquier cosa por recobrar ese tiempo tan lastimosamente malgastado.

Sólo hay una manera de vivir una vida productiva y efectiva. Levántate cada mañana firmemente resuelto a obtener el mayor provecho posible de aquel día y vivirlo a plenitud. Suceda o deje de suceder lo que sea, ocurra o no tal o cual cosa, toma la firme decisión de sacar algo bueno de cada experiencia de aquel día, algo que aumente tu saber y te enseñe la manera para que al día siguiente sean menos tus errores.

Digámonos: "Hoy comienzo una nueva vida. Olvidaré todo aquello que en el pasado me causó pena, pesar o desgracia".

La naturaleza es admirablemente cariñosa con nosotros. Es como un médico insigne que derrama en nuestras heridas el medicamento del perdón, y así cura nuestras dolencias mentales. Si no fuera por esta gran potencia curativa de la naturaleza, el mundo sería demasiado triste, porque pocos son los que no han llegado a estados de profunda depresión.

Resolvámonos cada mañana a obtener el mayor provecho de aquel día, no de otro día por venir en que cambiará nuestra suerte, o tendremos una familia, o hayan crecido nuestros hijos, o hayamos superado todas las dificultades. Nunca las venceremos todas. Nunca seremos

capaces de eliminar por completo todo aquello
molesta y perturba. Nunca nos desharemos de to ⸺ ⸺ ios
pequeños enemigos de nuestra felicidad, ni de las mil y
una molestias de la vida.

Si no atendemos el día de hoy, vendrá la miseria, la
flaqueza, el desconsuelo y la ineficacia de nuestras vidas,
pues no concentraremos nuestra energía, anhelo y entusiasmo en el día en que estamos viviendo. Resolvámonos a
disfrutar el presente. Aprovechémonos del hoy sin permitir
que las sombras del mañana, con sus presagios y temores,
nos roben lo que hoy es nuestro, el intransferible derecho
a ser felices el día de hoy.

Tengamos cada mañana una afirmación positiva con
la cual empezar el día. Digámonos: "Pase lo que pase,
obtendré el mejor partido posible de este día. No he de permitir que nada me robe la felicidad ni me robe mi derecho
a vivir este día de principio al fin. Suceda lo que suceda,
no toleraré que ningún disgusto, ninguna contrariedad o
circunstancia que se atraviese hoy en mi camino, me robe
la paz de mi mente.

Me rehúso a ser infeliz hoy, suceda lo que suceda. Voy a
gozar plenamente del día y a vivir enteramente en él. Este
día ha de ser un día completo en mi vida. Sólo aceptaré en
mi mente pensamientos de felicidad y gozo; únicamente
los amigos de mi paz, satisfacción, dicha y éxito, hallarán
hoy hospedaje en mi alma. Todo cuanto me haya hecho
desgraciado e infeliz en el pasado lo eliminaré, de modo
que al llegar la noche pueda decir: he vivido hoy".

Comenzar cada día de manera proactiva y optimista revolucionará nuestro concepto de la vida y acrecentará enormemente nuestras fuerzas. Todo consiste en dominar nuestra manera de pensar para abrir camino a nuevos hábitos de felicidad.

¿Para qué recordar viejos errores y arrepentirnos de no haber sabido aprovechar las oportunidades del ayer o lamentarnos de cosas que nos perjudicaron? ¿No aumentamos así nuestra desdicha? Quien siempre está regañándose, deplorando su pasado y lamentándose de errores, extravíos y deslices del pasado, nunca podrá realizar nada de verdadero mérito, pues el éxito, en cualquier área de la vida, requiere el uso de toda nuestra energía, y lo cierto es que una persona que piense y viva en el pasado no será capaz de enfocar la mente en el instante actual con el vigor necesario para cumplir sus metas.

Todo átomo de energía gastado en lo que ya no tiene remedio, no sólo se desperdicia, sino que dificulta los éxitos futuros que podrían remediar los errores cometidos. Olvida los infortunios, por mucho que te hayan herido y humillado; limpia de errores tu mente y toma la decisión de mejorar de conducta de ahora en adelante.

Nada más insensato y perjudicial que pervertir y corromper la labor del día con los rezagos del pasado, con las imágenes negativas, con las locas acciones y las desdichadas experiencias del ayer. Muchas personas, hasta ahora fracasadas, lograrían maravillas en el futuro con sólo olvidar el pasado, cerrarle la puerta para siempre y empezar de nuevo.

Por muy feliz que haya sido tu pasado, olvídalo; pues si te ha de ensombrecer el presente o te ha de causar melancolía y desaliento, no hay la más leve razón para retenerlo en la memoria. Es común escuchar a algunas personas que con cierta melancolía se quejan de que "todo tiempo pasado fue mejor". ¡Vive el presente!

Una de las tareas más necias e inútiles en que el ser humano se pueda ocupar, es en alterar lo inalterable. La naturaleza humana es muy propensa a creer que la dicha de la vida está en el mañana. Si en lugar de esperar a que el mañana nos depare una gran felicidad, nos empeñáramos en lograrla en el presente, adelantaríamos a grandes pasos.

Cuando los hijos de Israel caminaban por el desierto, recibían diariamente maná fresco para alimentarse; pero, algunos de ellos, desconfiados de que el Señor les proporcionaría el sustento al día siguiente, quisieron guardar parte del maná y al querer comerlo, encontraron que se había dañado. Esto les sirvió a los israelitas como una lección de fe, pues no podían guardar el maná para el día siguiente, sino confiar en que Dios les proporcionaría el sustento cotidiano. La felicidad es como el maná; debemos buscarla nuevamente cada día de nuestra vida.

Muchas cosas hay, entre ellas los impulsos generosos, que son mejores para hoy que para mañana. ¡Cuántas personas posponen el ofrecer su ternura y su amor a sus seres queridos! Cuando muere la persona a quien hubieran debido darlas; y ya no la tienen a la vista, tratan de enmendar las negligencias del pasado con lágrimas y flores en sus exequias.

Hoy es el día en que ha de brotar de tus labios la palabra amable y en que has de obedecer los generosos impulsos de tu corazón. Aquellos que ocupan tu pensamiento y a quienes prometiste ayudar alguna vez necesitan ahora tu ayuda, y más fácilmente se la puedes prestar ahora que en otra ocasión. ¡Actúa hoy!

¿Cómo imaginas que mañana podrás realizar cosas admirables cuando tan pobre y falto de oportunidades te parece el día de hoy? ¿Qué razón tienes para pensar que serás feliz, generoso y servicial en el futuro, cuando piensas que eres tan infeliz hoy? ¿Cómo esperas tener más adelante tiempo de sobra para atender a tus amigos, consolar a los afligidos, visitar a los enfermos, y mejorarte a ti mismo, cuando dices que hoy no puedes ocuparte en estas cosas?¿Por qué te parece que mañana serás generoso, si hoy eres tacaño y mezquino?

Si hasta ahora no hiciste lo que sabías que debías hacer ¿por qué te engañas pensando que lo harás mañana? ¡Cuántos hay que, no por avaricia, sino por evidente ignorancia e inadvertencia de las necesidades ajenas, guardan objetos en el desván o en los sótanos que podrían servir a otros para abrirse camino en la vida! Sube hoy mismo al desván, registra la casa entera y seguramente encontrarás muchas cosas que no necesitas y que proporcionarían comodidad y dicha a otros menos afortunados que tú.

Sin duda, en tu casa hay libros que ya has leído, que no leíste ni leerás en lo sucesivo, y sin embargo, serían de inestimable valor para una biblioteca o para otras personas que con grandes dificultades buscan aprender. No los guardes hasta que se echen a perder en espera de que algún día las vuelvas a usar. Permite que sean útiles ahora. Deja que sirvan hoy mismo. Ya te sirvieron a ti. Dáselos hoy mismo. Cuanto más des, mayor será tu gozo. La tacañería sofoca la dicha; la generosidad la intensifica.

No seas egoísta, y menos con las cosas de las que puedas prescindir. No las atesores creyendo que las necesitarás más tarde. Mayor satisfacción lograrás dándolas, que reteniéndolas previendo el uso que seguramente ya no le darás. Ofreciéndolas a otros suavizarás tu corazón y abrirás un poco más la puerta de tu generosidad.

No hace mucho me hablaba una señora de los agobios que le costó su educación musical, pues era tan pobre, que por mucho tiempo no pudo alquilar un piano, y para el estudio se valía de un teclado que dibujó sobre una hoja de papel oscuro. Mientras luchaba con estas dificultades, la invitaron a comer en casa de una familia acomodada, y al levantarse de la mesa, le enseñaron toda la casa.

En el desván vio arrinconado un piano viejo, por cuya posesión ella habría dado cuanto tuviera en el mundo, o gustosa habría caminado el largo trecho cada día si le hubieran permitido practicar en él. No se fijaba aquella joven en la suntuosidad de su anfitrión, ni en la elegancia de los muebles, ni en la belleza de los cuadros, ni en ninguna otra ostentación del lujo que llenaba toda la casa, pues sólo podía pensar en el viejo piano arrinconado en el desván, que le hubiera abierto las puertas de su sueño, y sin embargo, no se atrevió a pedirlo.

Nadie es tan pobre que no pueda dar algo con que enriquecer a uno de sus semejantes. El que acumula riquezas para acrecentar su caudal, es como el granjero que desea proteger su semilla de pájaros y otros animales, y no quiere arriesgarla sembrándola en la tierra. Así que prefiere guardarla. Absurdo. Por el contrario, debemos aprender a ser más generosos, más desinteresados y más útiles a la humanidad.

Muchas personas aplazan su felicidad hasta que sean ricos; pero al fin encuentran podrido el maná que debieron comer al recibirlo. Ni la felicidad ni las buenas acciones permiten demora. Todos debemos comenzar cada labor con el total convencimiento de que, suceda lo que suceda, salgamos o no airosos de nuestros empeños, debemos ser felices en cada instante del día, sin permitir que nada nos arrebate nuestro derecho a disfrutar cada momento de nuestra vida. Debemos resolvernos a que ni accidente, ni incidente, ni condición alguna interrumpan el natural flujo de nuestro bienestar y felicidad.

Recuerda que el ayer ha muerto y que el mañana no ha nacido todavía. Lo único que es nuestro es el momento presente. Los sesenta minutos de una hora pueden compararse a las flores efímeras que viven sesenta segundos y mueren. Para aprovecharnos ahora del bien que nos pertenece, debemos extraer el dulce jugo de cada instante que transcurra mientras sea nuestro. Tal es el verdadero goce de la vida cotidiana: trabajar y gozar en el trabajo aprovechando el momento presente, que es el único de que disponemos.

CAPÍTULO TRES

El arte de vivir bien

¿*N*o es extraño que cuando debiéramos ser expertos en el arte de la vida, la mayoría de nosotros estemos tan pobremente preparados? Nunca aprendemos el arte de vivir bien, aunque de él depende la dicha o infortunio que experimentemos en la vida; no importa que tanto nos especialicemos en nuestra profesión, empleo o negocio.

Apenas si conocemos algo de esta máquina humana –cuerpo y mente–, la cual encierra todo el secreto de nuestro éxito y nuestra felicidad. Prestamos menos atención y cuidado a nuestro cuerpo que a nuestro automóvil. Nuestro cuerpo es el único medio del cual la mente y el alma disponen para relacionarse con el mundo exterior, por lo tanto, debemos mantenerlo en la mejor condición posible.

El sistema educativo actual lo enseña casi todo, excepto lo que debiéramos conocer mejor que cualquier otra cosa: el arte de vivir bien.

Las escuelas y colegios enseñan muchísimas cosas sin utilidad práctica alguna en la vida real; pero no inculcan ni una palabra acerca del maravilloso mecanismo de la mente humana. El joven podrá aprender a leer y escribir, sabrá un poco de geografía, historia, ciencia y hasta filosofía; pero no le enseñaron nada práctico acerca del funcionamiento de su cerebro, ese admirable mecanismo mil veces más delicado y complejo que cualquier otro, que requiere una atención más cuidadosa que todos los mecanismos del mundo.

¿Qué pensaríamos de una persona que compra un costoso y elegante automóvil y luego lo pone en manos de alguien que nunca en su vida ha visto o conducido un vehículo, para que se encargara de manejarlo y transportarla de un lugar a otro?

Un mecánico experto sabe montar y desmontar todas las piezas de un automóvil. Conoce la función de cada una de ellas, pues de su conocimiento, habilidad y pericia dependen la seguridad de otras personas. Pero ¿qué sabe la generalidad de las personas de esta maravillosa máquina humana y de la manera como cada una de sus células queda modificada por la actitud mental?

Quien desee vivir bien nunca entorpecerá el regular funcionamiento de su cuerpo y su mente ni disminuirá su máximo rendimiento con una conducta viciosa. No querrá estropearse por haber afectado negativamente sus células nerviosas con sentimientos nocivos como la ira, el odio, la envidia, el temor o el tedio. Por el contrario, protegerá este maravilloso y delicado mecanismo, de la multitud de enemigos físicos y mentales que existen.

Lástima que tantas personas ignoren la ciencia del funcionamiento de mente y cuerpo, el arte de cuidar la máquina corporal de modo que, con el menor desgaste funcione lo mejor posible y todo cuanto halle en el ambiente le sirva de materia prima para la gran obra maestra de la vida.

La mejor locomotora no llega a convertir en trabajo ni un veinte por ciento de la potencia del combustible que utiliza. La máquina humana, aun en las más desfavorables condiciones, no rinde más que una mínima parte de la energía psíquica potencial; pero sabiamente manejada, es capaz de rendir gran felicidad y grato bienestar.

Nuestro temperamento
y el trato hacia los demás

¡Que pocas personas son felices! Y sin embargo, todo ser humano se esfuerza en ser feliz y realmente necesita serlo; pero no lo es porque no sabe como proteger su mente y cuerpo de todo aquello que lo deteriora.

Consideremos que el agotamiento nervioso proviene de abusar de nuestro cuerpo y nuestra mente, y como resultado de este abuso, sin quererlo, insultamos a nuestros seres queridos con arrebatos de cólera, perturbamos la paz del hogar con nuestros desenfrenos nerviosos y ofendemos a otros con nuestros agravios, porque nuestro sistema nervioso está afectado y fuera de balance. De todo son responsables el tedio, la ansiedad, la gula, el desenfreno, y el quebrantamiento, en una u otra forma, de las leyes naturales.

El sistema nervioso manifiesta discordancia, cuando su función natural es manifestar armonía, sencillamente porque no está bien ajustado o funciona forzosamente, necesitado de un descanso tranquilo que lo restaure y conserve.

No tuvimos intención de ultrajar, calumniar o insultar a los amigos, ni de tratar despectivamente a las personas con quienes nos relacionamos en nuestros negocios; pero a la máquina corporal le faltaba prudencia y cuidado y se disparó. Lo más denigrante en un temperamento descontrolado es que al estar la persona fuera de control da un lastimoso espectáculo.

Algunos dirán que no pueden dominar su temperamento, ya que sus estallidos acontecen sin pensarlo. Pero lo cierto es que siempre estamos en control. Todos podemos regular nuestra manera de pensar y nuestras emociones, de suerte que nuestro cuerpo no funcione nunca descompuestamente ni el cerebro actúe jamás a su antojo.

¿Te has dado cuenta que hay personas que muy rara vez pierden la serenidad y la calma, aunque las provoquen violentamente? ¿Personas en cuya presencia no se nos ocurriría perder los estribos? Casi todos conocemos a alguien ante quien por nada del mundo perderíamos la compostura. Y en su presencia siempre estamos en control.

Sin embargo, en la intimidad del hogar, donde nadie nos cohíbe, o delante de un empleado o subordinado, muchas veces solemos arrebatarnos a la más ligera provocación.

Esto demuestra que podemos dominarnos más de lo que suponemos. La persona más iracunda no se encolerizará si cuando alguien le insulta se imagina que está en la presencia de personas educadas. Si tratamos a cada cual según corresponda y respetamos aún a los más humildes, como es nuestro deber, y nos respetamos a nosotros mismos, no nos costará mucho trabajo dominarnos.

Infortunadamente, en la mente y en el corazón de muchas personas anidan rencores, celos, envidias, antipatías y prejuicios que, si bien no se manifiestan muy violentamente, van creciendo allí dentro hasta envenenar la mente y el espíritu.

Imagínate como cambiaría nuestra conducta si tuviésemos cuidado con la manera como tratamos a los demás, con nuestros modales y hasta con el tono de voz que utilizamos al dirigirnos a otros. Los modales son un lenguaje muy influyente en nuestra actitud y en la de cuantos nos rodean.

"Arrójale un hueso a un perro y él lo agarrará y se largará rápidamente, sin la más leve demostración de agradecimiento; pero llámalo cariñosamente, dale el hueso de tu propia mano y te agradecerá el beneficio".

Muchas fricciones entre las personas provienen del tono de voz, porque la voz manifiesta nuestros sentimientos y actitud respecto de los demás. El tono áspero, que expresa contrariedad y una pobre disposición de ánimo, puede suavizarse. Si cuando la cólera nos enciende la sangre bajáramos el volumen de la voz, lograríamos apaciguar la exaltación.

Todos hemos visto como si a los niños contrariados o malcriados se les deja llorar a sus anchas, les sobreviene la rabieta con alaridos y pataleo. Y cuanto más gritan y lloran más violenta es la rabieta. Su tono colérico aviva el ardor de su arrebato. Sin embargo, también hemos visto que cuando les ayudamos a tranquilizar su voz, se extingue el fuego de su actitud.

Sería mucho mayor la felicidad en el hogar si todos los individuos de una familia acordaran no gritarse nunca ni hablar con voz descompuesta. Un tono de voz sarcástico, burlón, picante o resentido, deriva, en gran parte, no sólo la infelicidad en el hogar, sino también los disgustos en la vida social y en los negocios.

Las personas quisquillosas que se molestan y se enojan por simples tonterías, denotan con ello que no son lo suficientemente nobles como para dominar la situación y mantenerse en equilibrio. Su actitud iracunda indica que poseen una actitud pesimista y negativa contra todo lo que les rodea y por ello son víctimas de la situación, en vez de dominarla.

No hay espectáculo más lastimoso que el de una persona cuya cólera deja al descubierto su verdadera manera de ser. Pierde la razón, el sentido común y el buen juicio. Sin embargo, una vez pasado el arrebato, siente que su dignidad, decoro y estima han naufragado en la tormenta.

Las disputas en muchos hogares provienen de la incapacidad de las personas para mantener control de su actitud mental. Ante la menor tensión, suelen tratar bruscamente aun a sus mejores amigos y a quienes más aman. Son injustos con sus dependientes, ásperos con sus empleados y dicen cosas de las que después se avergüenzan.

Como resultado de eso, muchas personas pasan años enteros y aun toda su existencia, cargando con crueles heridas del alma, causadas inconscientemente por algún amigo querido en momentos de cólera. ¡Cuán a menudo ofendemos a quienes con mayor ternura amamos y deberíamos ayudar, sólo porque estamos de mal humor y con los nervios irritados a causa de alguna contrariedad o disgusto!

En cierta ocasión, un niño estaba rabiosamente encolerizado y por casualidad pudo mirarse en el espejo. Tan avergonzado y entristecido quedó al verse, que contuvo el llanto inmediatamente. Si los adultos pudieran verse al espejo cuando están por perder el control, seguramente que no querrían volver a dar tan deplorable espectáculo.

El convencimiento de que podemos dominar el cerebro, de que somos los encargados de cuidar nuestra mente y actitud es uno de los mejores servicios que podemos darle a la sociedad. Todos podemos cambiar si nos lo proponemos, y muchas veces el vernos como nos ven los demás nos ayuda a realizar dicho cambio.

Se cuenta que en cierta ocasión, una señora fue a retratarse. Cuando se sentó frente al fotógrafo, mantuvo la postura áspera y dura que la caracterizaba, y la mirada hosca que tanto amedrentaba a los chiquillos de la vecindad. Al ver esto el fotógrafo le dijo:

-Señora, ¡alegre un poco más los ojos!

Ella trató de obedecer, pero aún su mirada era dura. Así que él le dijo en tono entre cariñoso y autoritario:

- Trate de mirar con un poco más de dulzura.

A lo que la mujer respondió con aspereza:

-Si a usted le parece que una vieja apática puede tener brillo en la mirada, y que a pesar de su mal humor, puede ponerse alegre cuando se lo digan, usted no tiene ni idea de la naturaleza humana. Para cambiar de actitud, sería necesario tener algo alegre frente a mí.

-Tiene razón, repuso él, pero no es frente a usted que lo necesita, sino dentro. Y es usted misma quien puede poner ese algo en su interior. Trátelo y verá como es posible.

La señora se sintió inspirada por los modales y tono del fotógrafo, tomó más confianza, e hizo otro intento. Esta vez, fue posible ver el brillo en su mirada.

-¡Así está bien!, exclamó él al observar el resplandor pasajero que iluminaba aquel marchito semblante. Parece usted veinte años más joven.

Camino a casa, con el corazón conmovido por las palabras del fotógrafo, las cuales habían sido el primer cumplido que oía desde la muerte de su esposo, sintió algo que ya había olvidado. Al llegar, se miró un largo rato al espejo, y exclamó: "Tal vez aquel fotógrafo tenga razón, pero ya veremos como queda el retrato".

Al recibirlo, parecía como si fuese otra. Su rostro se veía más joven. Contempló aquella fotografía durante largo tiempo, y dijo al fin con una voz clara y firme: "si fui capaz de hacerlo una vez, podré hacerlo nuevamente." Puso entonces el espejo sobre su mesa y exclamó: "Rejuvenécete"; y nuevamente brillaron sus ojos. "¡Mira un poco más dulcemente!", se ordenó a sí misma; y una tranquila y radiante sonrisa iluminó su rostro.

Pronto sus vecinos se dieron cuenta del cambio, y le dijeron: ¿Cómo es, señora que se está usted volviendo cada día más joven? ¿Qué ha hecho para quitarse los años de encima?

A lo que respondió: "todo lo que hice, lo hice en mi interior. Descubrí que si somos serenos, experimentaremos serenidad."

Nadie puede ser verdaderamente feliz mientras no sepa controlar su cuerpo y su mente y mantener constantemente un equilibrio entre su condición mental y física. Un automóvil no anda bien porque tenga un excelente chasis, un buen motor o las llantas apropiadas. Su funcionamiento eficiente no depende de tal o cual pieza, sino que resulta de la coordinación, ajuste y acoplamiento de todas las piezas que lo componen.

Un auto en el cual absolutamente todo está bien, con excepción de una de las llantas que está pinchada, difícilmente nos servirá como medio de transporte en tales circunstancias. Lo mismo sucede con un reloj. La imperfección de un solo diente del más diminuto engranaje impediría que el reloj funcione como debe o dé la hora correcta. No basta la particular perfección de cada una de las piezas, sino que todas ellas trabajen conjuntamente y en armonía.

La salud es respecto del cuerpo lo que la hora respecto del reloj. La salud es la hora exacta del cuerpo, la armónica relación y correspondencia entre todas las partes, pues la más leve imperfección de cualquiera de ellas alterará la armonía del conjunto. El tener fuertes músculos, o un hígado en perfectas condiciones no determinan por sí mismos la salud. Ésta es el resultado del funcionamiento armónico de todos los órganos del cuerpo. De igual manera, la salud mental y moral es el resultado del ejercicio armónico de las facultades morales. Un cronómetro moral no señalará la hora exacta si tiene alguna pieza defectuosa.

La fuerza y la felicidad nacen del funcionamiento equilibrado y armónico de la máquina humana –cuerpo y mente–.

CAPÍTULO CUATRO

La felicidad y la riqueza

Qué desgracia sería para la humanidad que la riqueza proporcionara la felicidad, como a muchos les parece. Si la riqueza fuese esencial a la felicidad y el hombre debiera ser rico para ser feliz, siempre sería feliz el rico y desdichado el pobre. Pero las riquezas no dan de por sí la felicidad. Para que el dinero haga feliz a una persona es preciso que lo emplee bien y no lo derroche en banalidades. La riqueza en manos de ignorantes y rufianes, no puede contribuir a la verdadera felicidad, porque nadie puede ser verdaderamente feliz sin un alto propósito en la vida.

La buena conducta es lo único que puede robustecer la felicidad, pues los bienes puramente materiales son transitorios y perecederos.

El sabio construye su fortuna sobre principios sólidos y sabiendo que hay muchas cosas más importantes que el dinero. Una de las mayores desilusiones de muchos ricos es no poder comprar la felicidad con su dinero, pues éste no satisface más que una parte de nuestro ser, ya que no sólo de pan vive el hombre.

Verdaderamente pobre es el rico en dinero y pobre en espíritu.

¿Acaso es el dinero la medida de las cosas de verdadero valor? Definitivamente no. Hay en el ser humano algo de valía infinitamente mayor que cuantos bienes materiales pueda acumular en torno suyo. Todos conocemos personas que aun sin mayor fortuna poseen un carácter sólido y un espíritu noble.

Que equivocados están aquellos que piensan que la felicidad puede encontrarse en los bienes materiales, en vez de fundarla en las cualidades del carácter. Cuanto más se tiene más se desea y en vez de llenar, abrimos un vacío.

Por más dinero que tenga, jamás será rico el pobre de corazón. La verdadera riqueza no se adquiere con dinero. De poco sirven una suntuosa mansión con hermosos muebles, elegantes ropas y vajilla de plata labrada, cuando no se emplea debidamente. Sólo cuando vivimos una vida guiada por principios nobles y sabemos cuál es el verdadero lugar del dinero, podremos vivir una vida de riqueza y encontrar la felicidad.

La verdadera riqueza no consiste en tener mucho dinero, ni éste da la satisfacción que buscamos. Únicamente la riqueza del alma, el saber que estamos viviendo una vida con propósito, la generosidad desinteresada, el amor por los demás y el corazón compasivo, dan positivo valor a las riquezas legítimamente adquiridas con el trabajo honrado y proporcionan a su dueño el gozo de quien sabe que está realizando el verdadero fin de su vida.

La codicia es naturalmente infecunda, y a lo sumo genera ganancias de corta vida. El consumado egoísmo de muchas personas exagera el valor del dinero y de lo que puede lograrse con éste. La ayuda que podamos prestar a nuestros semejantes es lo más valioso del mundo. Si ignoramos esto seremos verdaderamente pobres, aunque poseamos millones, y no podremos gozar plenamente de la vida.

La persona verdaderamente rica atrae hacía sí más riquezas con su manera de ser y actuar. No es rica porque tenga dinero. Tiene dinero porque es rica por dentro.

Hay personas que saben extraer de su alrededor todo aquello que enriquece la vida, mientras otras, inclusive en medio de las más propicias condiciones de riqueza obtienen poca cosa.

Muchos creen que esto tiene que ver con las circunstancias o la suerte, pero en realidad tiene que ver con la persona. Hay seres humanos tan ciegos a la belleza, que atraviesan con la mayor indiferencia los más hermosos paisajes, sin conmovérseles el alma ni sentir la más mínima inspiración.

La persona feliz aprende a disfrutar de todas las cosas a su alrededor, sean suyas o de otros. Hay quienes son incapaces de disfrutar de lo que no es suyo propio y, al verlo en manos ajenas, no pueden mas que sentir envidia. Charles Aked dice: "Si no eres rico, alégrate de que otro lo sea, y te sorprenderá cuanta felicidad te viene de ello".

Qué insensatez envidiar a los demás lo que no tenemos. Aprende a disfrutar de todo. Sé como el ave que no repara en los títulos de propiedad de las tierras donde edifica sus nidos. Libres son los parques; tanto del pobre como del rico son las bibliotecas; nuestras son las escuelas, los ríos, las montañas, las puestas de sol, y sin embargo, muchos no los ven como suyos ni se dan permiso de disfrutarlos.

La hermosura de un paisaje es tan nuestra como del dueño del terreno. Piensa en lo mucho que le cuesta a una ciudad el cuidado de sus parques, sus calles y demás sitios públicos. Sin embargo, los que cuidan de ellos lo mismo trabajan para el pobre que para el rico. Las flores, aves, estatuas, todas las bellezas de los parques urbanos son tanto del pordiosero como del potentado.

Nuestro error está en creer que sólo podemos disfrutar aquello que es nuestro. Dice a este propósito un autor: "Prefiero ser capaz de apreciar las cosas que no puedo poseer, que poseer cosas que no puedo apreciar".

Hay gente tan pobre que aún en medio de la riqueza es incapaz de encontrar algo que la deleite. No está satisfecha con nada. Hay otros que aún en medio de las peores circunstancias encuentran algo de valía que celebrar y apreciar. Rico es quien aprecia lo que tiene y puede disfrutar de cuanto los demás poseen.

Capítulo cinco

Los frutos del pensamiento

$\mathcal{N}$o hay nada que debilite nuestro poder creador tan rápidamente como la costumbre de tenernos lástima y condolernos de nosotros mismos, porque con ello se destruye la confianza propia y cerramos la fuente del valor y la energía. Quien desee realizar grandes cosas y ofrecer su mejor esfuerzo, debe abrir la puerta a la expresión de su ser, sin restricciones de ninguna clase.

Cuando nos auto-limitamos y creemos que no podemos hacer esto o lo otro, sometemos nuestras verdaderas facultades a esta falsa creencia, lo cual debilita nuestra capacidad creativa. Conozco a un hombre que posee una gran capacidad, pero debido a su pobre autoestima y a la constante crítica propia de sus cualidades físicas y mentales, se redujo rápidamente a un estado de desánimo e inutilidad total.

Cree tener síntomas de todas las enfermedades y aún cuando hace calor, él quiere cerrar las ventanas para no resfriarse. Continuamente está pensando en sus dolencias, creyendo que le van a suceder cosas terribles. Está convencido de que todo cuanto haga le saldrá mal. En vano le dicen los médicos que no tiene nada, que todos son temores sin sentido. Pero él sigue lamentándose de males imaginarios y poniéndose limitaciones de toda clase. Es víctima de su imaginación y sus pobres expectativas.

Igual sucede con aquel que habiendo sido espléndidamente dotado por la naturaleza, se arrastra a lo largo de su camino, cuando debiera recorrerlo con paso firme, y no pasa de hacer cosas pequeñas y sin sentido, pudiendo ser capaz de altas empresas, todo por ser esclavo de sus pensamientos pesimistas y su pobre autoestima.

Nadie podrá realizar nada grande mientras entorpezca sus facultades con las limitaciones y estorbos que él mismo se ponga. Nadie puede ir más allá de sus propias convicciones. Si piensa que no podrá hacer una cosa, seguramente no logrará hacerla.

Es increíble que tan pocos seres humanos sepan la gran influencia que su mente tiene sobre su vida, sus logros y hasta su salud. Cuando un famoso especialista en enfermedades nerviosas se dio cuenta que los medicamentos que recetaba a sus pacientes no le estaban dando ningún resultado, decidió sugerirles que estuviesen siempre sonrientes en cualquier circunstancia. El procedimiento obró como por arte de magia. Este especialista encontró que era posible crear en estos enfermos la emoción de la alegría por medio de la actitud física de la risa, que es la manifestación fisiológica de dicha emoción.

Nuestra salud suele estar tan quebrantada, entre otras razones, porque desde niños se nos ha infundido la idea de que el dolor y el sufrimiento físico son inherentes a la vida como males imposibles de evitar. De manera que crecemos creyendo que disfrutar de una salud óptima es la excepción y que debemos aceptar nuestras dolencias, pesares y melancolías como algo ineludible.

El niño oye hablar tanto de las enfermedades y tan a menudo se le previene contra ellas, que crece con la convicción de que son la ley de la vida, y por ello teme que en cualquier momento quebranten su salud. Pensemos cuánto favorecería al niño si le enseñáramos que la salud es el estado normal y la enfermedad el anormal.

Pensemos en el gran beneficio que recibiría el hombre si desde niño esperara mantenerse en completa salud, en vez de alimentar constantemente su mente con las posibles enfermedades que sufrirá y siempre precavido contra el riesgo de contraerlas.

Debemos enseñarle al niño que Dios no engendra jamás la enfermedad ni el sufrimiento, ni se complace en nuestras penas, sino que estamos destinados a la salud y la felicidad, cuyo resultado es el gozo y nunca el sufrimiento. La índole de nuestros pensamientos determina la índole de nuestra conducta. No podremos tener salud si estamos siempre pensando en la enfermedad, de la misma manera que no podremos vivir una vida de prosperidad si constantemente estamos enfocados en la escasez.

Cuanto más feliz seas, menos agotamiento tendrás y más vitalidad y estarás menos propenso a las enfermedades. Un organismo rebosante de energía, no contraerá enfermedades. Ya desde niños deberíamos habituarnos a desechar todo pensamiento insano, desagradable y corrosivo. Todas las mañanas deberíamos levantarnos con la pizarra en blanco y borrar de nuestra mente toda imagen contraria, sustituyéndola por imágenes armoniosas y estimulantes.

Uno de los peores enemigos de la felicidad son las preocupaciones, que casi siempre son el resultado de formar imágenes negativas sobre eventos que aún no han ocurrido. Millones de personas son causantes de muchos de los males que les aquejan debido a las ideas negativas que mantienen en su mente. Y aun cuando dichas preocupaciones existen sólo en su mente, los resultados que traen son muy reales.

Muchas personas cargan a cuestas todas las calamidades posibles. Viven en estado de estrés y angustia constante. ¡Con qué afán perseguimos las cosas! Cada persona con quien nos encontramos parece como si fuese la última en llegar a una cita. La angustia y la ansiedad están estampadas en las arrugas de su rostro.

Parecen piezas de máquina que se mueven a forzada velocidad y crujen por falta de lubricante. El hombre que vive en perfecta normalidad no debe poner esa cara de acosado y perseguido que muchos ponen, como si un policía o un indagador les pisara los talones.

Un poco de esparcimiento no sólo mejorará nuestra salud, sino que aumentará nuestro nivel energético.

La persona consumida totalmente por su trabajo o profesión, sin cuidarse de su salud ni de esparcir periódicamente el ánimo, se parece al cortador de árboles, que está tan afanado en continuar cortando que olvida afilar su hacha y pronto queda inhabilitado para continuar su labor.

Nos engañamos al creer que podemos hacer mayor y mejor labor poniendo más horas de trabajo, llevando nuestro cuerpo y mente hasta el límite, que haciéndolo en menos horas, con menor fatiga, pero con mayor vigor e intensidad. La mayor eficiencia y concentración mental son imposibles cuando el cerebro está rendido de fatiga y nos falta el necesario esparcimiento para devolverle su elasticidad.

Muchas personas capaces de realizar un buen trabajo, lo dejan mal hecho porque la mayor parte del tiempo están en condiciones de agotamiento y cansancio. Nos fue dada la vida para gozar de ella, no para gemir en la violenta lucha por conseguir lo suficiente para sobrevivir.

Muchas personas parecen como si tuvieran suspendida de un hilo sobre su cabeza una espada, con la amenaza constante de herirles si se detienen a descansar un segundo. Nunca disfrutan de nada sin sentirse culpables. En manos de cada uno de nosotros está el no posponer nuestra felicidad y entender que cada día tenemos oportunidad de vivir plenamente felices o plenamente miserables. Es nuestra decisión.

CAPÍTULO SEIS
Cómo cultivar una vida de felicidad

¡*C*uánta gente se resiste a desechar sus penas! Han vivido tanto tiempo con ellas y las tratan con tanta familiaridad que parece como si se complacieran en hablar de ellas.

Sé de una señora a quien hace tiempo operaron para extirparle un tumor y que, desde entonces, no sabe hablar de otra cosa que de la operación soportada, como si fuese el único hecho de su vida que le sirve de pretexto para excusar sus errores.

Una de las más difíciles experiencias de la vida es la que nos enseña que, en gran medida, somos producto de nuestros pensamientos, cuya efectividad, añadida a la educación y al medio ambiente, determina la clase de vida que viviremos. San Pablo decía: "Transfórmense por la renovación de sus mentes."

El cerebro se modifica según la información que recibe y cambia su manera de pensar de acuerdo a la manera de actuar de la persona. El cerebro tiene una gran capacidad de adaptación.

En tiempos antiguos también era muy primitivo el cerebro humano, porque sólo se le exigía actividad para

el sustento y la conservación fisiológica del individuo:
pero poco a poco se le fueron exigiendo más funciones,
hasta llegar a su actual complejidad.

Cada nueva exigencia ha despertado un nuevo poder del cerebro, adaptado a las modernas necesidades.
Hay quienes creen que el cerebro es estático y no puede
cambiar, sino que está limitado y fijo por la herencia. Sin
embargo, lo cierto es que tenemos numerosos ejemplos
de gente que lo modificó hasta el punto de desarrollar
determinadas facultades originalmente débiles o deficientes por falta de ejercicio.

Si, por ejemplo, consideramos el valor y el coraje,
veremos que muchos hombres célebres carecieron en su
infancia de esta cualidad; pero el fomento de la confianza
en sí mismo, la influencia de una acertada educación, el
haber visto valerosas proezas y la continua representación
mental del valor, les ayudaron a ser cada vez más valerosos
y a desechar los temores que no les permitía actuar.

Así que como ven, todos podemos cambiar nuestra
vida, cambiando nuestra manera de pensar. Exponiendo
nuestra mente a un ambiente positivo podemos sobre-
ponernos a nuestras debilidades y lograr aquellas cosas
que creíamos imposibles.

Es muy curioso que mientras la mayoría de las personas emplean años de su vida en el estudio de una profesión determinada, no cuiden de estudiar y desarrollar
su felicidad. Erróneamente, les parece que para ésta no

hay educación posible y se da sin ninguna ayuda especial, mientras que para otras cosas –muchas de menor importancia– no reparan en hacer toda clase de sacrificios, por costosos que sean.

Gran cosa es el arte de cultivar la felicidad, de modo que hallemos placer en todas las actividades de la vida cotidiana. Es tan importante y necesario acostumbrarnos a la felicidad, como lo es al trabajo y a la honradez. Tristemente, la mayoría de las personas infelices lo son por haber contraído poco a poco el hábito de quejarse por cualquier cosa, ser pesimistas y verlo todo sombrío. Este hábito es siempre nocivo, pero todavía más cuando se contrae en los primeros años de la vida, porque esclaviza a su víctima y determina sus expectativas.

Nada contribuye tanto al pleno éxito como el hábito de ver las cosas en su aspecto más brillante. Independientemente de las circunstancias que estemos experimentando, en cualquier infortunio o amargura por la que estemos pasando, debemos tomar la firme decisión de sacar el mejor partido posible de cuanto nos suceda.

De esta manera se desarrollará nuestra aptitud para descubrir el aspecto positivo de las experiencias que diariamente se nos presenten. El don de mantener una gran actitud, aun en las más adversas condiciones de vida, es de mayor provecho para la juventud que las riquezas sin él. Debemos formarnos el propósito de ser siempre optimistas, para llevar con nosotros esta luz dondequiera que vayamos.

Un estado mental óptimo de por sí es ya una medicina de maravillosa eficacia. Las noticias buenas y alegres producen un efecto mágico. Que gran cosa es ir siempre con la sonrisa en los labios. Imagínate cómo sería el mundo si continuamente viéramos seres radiantes de esperanza y cariño. Da lástima ver tantos jóvenes de rostro triste y desolado. ¿Por qué la vida juvenil ha de estar apesadumbrada por la ansiedad, la inquietud y el tedio? Si viviésemos normal y armónicamente, seríamos jóvenes aun en la vejez. En cambio, es posible ver hoy gente joven en edad, cuyo semblante está marcado por la preocupación y la vejez prematura.

Dice Ruskin: "La jovialidad es tan natural en la persona sana, como el color de sus mejillas; pues la habitual tristeza proviene o de la viciada atmósfera, de los alimentos malsanos, de la penosa labor o de las malas costumbres".

Podemos educar la voluntad de tal forma que enfoque nuestros pensamientos sobre el aspecto positivo de las cosas y sobre todo cuanto eleva el alma, para crear con ello un hábito de bondad y de dicha que fertilice nuestra vida.

Todo ser humano debería buscar la felicidad ajena como un deber en beneficio propio y la felicidad propia como un deber en beneficio ajeno.

Sin buena conducta y una conciencia tranquila no puede haber felicidad. ¿Cuándo aprenderán las personas que los abusos y excesos de todo género dan por único resultado una reacción de desaliento, acompañada del menosprecio de sí mismo? La verdadera felicidad depende de tener un carácter noble y está amasada con la amabilidad, la gentileza y la generosidad.

Dice un notable escritor:

"La felicidad es la mayor paradoja de la naturaleza. Crece en todos los terrenos y prospera bajo todas las condiciones. Prevalece contra el medio ambiente. Brota de nuestro interior. Es la revelación de las profundidades de la vida interna, como la luz y el calor revelan la presencia del sol que irradian. La felicidad no consiste en tener, sino en valer; no en poseer, sino en disfrutar. Es el cálido fulgor de un corazón en paz consigo mismo.

Un mártir preso en la cárcel puede ser más feliz que un rey sentado en su trono. El hombre crea su propia felicidad, que es como el aroma de la vida armonizada con elevados ideales. Porque lo que un hombre tiene depende de los demás, y lo que vale reside en él mismo. Lo que obtiene es tan solo una adquisición; lo que alcanza es perfeccionamiento. La felicidad es el gozo que experimenta el alma en la posesión de lo intangible. Requiere menos trabajo ser feliz que aparentarlo".

Todos tenemos el deber de mostrarnos amables, cariñosos y serviciales en el trato con nuestros semejantes, pues no sólo iluminaremos su vida, sino que el resultado de nuestro esfuerzo en este sentido contribuirá a hacer de nosotros mismos mejores seres humanos.

Añade sobre este particular otro autor: "¡Alégrate! Después que hayas dicho cuanto hay que decir acerca de la tristeza de la vida, de las penas, desengaños, e injusticias que deambulan sobre la tierra como tenebrosas sombras, todavía persistirá la bendita verdad que estremece al universo con un canto de alegría.

Alégrate con la hermosura de la primavera, el azul de los cielos, el canto de las aves y el esplendor de los ocasos. Escucha las risas de los pequeñuelos; corresponde al cordial saludo de la amistad que recibas de otros y está seguro de que sobre todo esto alienta el inmenso amor de Dios que lo renueva.

Mira aquellos seres humanos que viven en torno tuyo que, no obstante la simpleza de su condición social, son generosos, valerosos y sinceros. No ignores los callados y ocultos sacrificios, las oleadas de compasión que cubren al necesitado, al débil y al desvalido. Desecha la melancolía, la pena y el lamento. Colabora en la obra del Creador, confía en sus promesas, y alégrate".

Uno de los mejores medios para lograr el éxito es contraer desde la juventud el hábito de pensar que nos va a suceder lo mejor y no lo peor; que no somos pobres y miserables criaturas perseguidas de uno y otro lado por los enemigos de nuestra dicha, sino que hemos sido creados para la felicidad, y que no estamos en el mundo para ser presa del tedio ni para forjar imágenes oscuras, sino para representarnos las más esplendorosas imágenes de nuestro futuro. No leas, ni oigas ni veas nada que turbe la paz de tu alma o la armonía de tu mente.

La escritora Ella Wheeler Wilcox decía: "Cultiva una manera positiva de pensar, y si no tienes lo que quieres, aprecia lo que tienes hasta que te sea posible cambiar las circunstancias. No malgastes energías en mirar la vida con resentimiento; halla en ella algo digno de disfrute y goce, mientras te esfuerzas en lograr lo que deseas. Sobre todo y ante todo, acostúmbrate a ser feliz día tras día, porque el pensamiento es cuestión de hábito, y no puedes enseñarle a ser feliz en un momento, si durante años lo acostumbraste a que fuese miserable".

De la misma manera que no daríamos permiso a que un ladrón asaltara nuestra casa, no debemos permitir por más tiempo pensamientos negativos y discordantes en nuestra mente, pues éstos son peores que los ladrones, ya que nos roban nuestro descanso, alegría y felicidad. Es casi imposible expulsarlos, una vez dentro; pero es relativamente fácil impedirles de nuevo la entrada. Estos enemigos no tienen derecho de entrometerse en nuestra conciencia. Los tenemos que tratar como agresores y rechazarlos instantáneamente, sin consentir que impriman sus siniestras imágenes en nuestra mente.

Cualquiera que sea nuestra profesión, empleo o negocio, tenemos el deber, con nosotros mismos y con el mundo, de fortalecer el hábito de ser felices, que significa armonía, y ésta, a su vez, entraña el saludable funcionamiento del cuerpo y la mente.

Muchas habilidades naturales se malogran por no tener en cuenta que todo pensamiento negativo, como el temor, el tedio, el egoísmo, el odio y la envidia, es un enemigo de nuestra salud y nuestra dicha. Muchas personas gastan más vitalidad y energía mental en unos pocos minutos de ira, que las que necesitan para atender durante días enteros sus negocios.

La persona habitualmente triste o melancólica lo está porque en su mente predominan pensamientos tristes y negativos. Si altera la índole de los pensamientos, alterará también sus resultados.

M. J. Savage decía al respecto: "Según demuestra la experiencia de los siglos, la felicidad es sencillamente la armonía de una vida ordenada, y cada vez que infringimos una ley física, mental o espiritual, entorpecemos las posibilidades de ser felices".

Y añade Margarita Stowe: "Si con frecuencia meditamos y reflexionamos sobre la felicidad, ella llegará a ser habitual en nosotros y nos dará mucho poder para el bien". Todos somos capaces de fomentar el hábito de ver las cosas en su aspecto más positivo y todos podemos ejercitar la voluntad de modo que nuestros pensamientos nos traigan mejoramiento y felicidad, en lugar de albergar pensamientos que nos traigan los resultados opuestos.

Muchas personas desaprovechan los verdaderos goces. Se esfuerzan penosamente en ir tras las *grandes satisfacciones*, sin advertir que la felicidad de la vida consiste en el disfrute de multitud de placeres pequeños. Por lo general no aprovechamos la más mínima porción de dicha que la vida nos ofrece..

Muchas veces nos quejamos de que nuestra vida es rutinaria, aburrida y sin sabor ni aroma; mientras junto a nosotros hay quienes llevan la misma clase de vida y, sin embargo, gozan la felicidad en ella, y sienten que la vida es una gloria y no una pena. Ellos encuentran alegría en el mismo trabajo que para otros representa un tormento. Tristemente, miles de personas han adquirido el hábito de vivir contrariados e infelices sin causa que lo justifique, ya que nada les parece lo suficiente como para hacerlos felices.

Enseñando a nuestros hijos a ser felices

Ya viejo, reconocía Oliver Wendell Holmes la deuda de gratitud contraída con su niñera, que desde niño le había enseñado a no preocuparse de los incidentes desagradables. Cuando se lastimaba el pie, se lesionaba la rodilla o se rompía la nariz, no le permitía concentrarse demasiado en lo sucedido, sino que le desviaba la atención hacia otro lado, le contaba un bonito cuento o le recordaba algún suceso agradable. Por ello aseguraba Wendell que a ella le debía, en gran parte, el refulgir de una larga vida. Otro autor decía: "Cuando en mi infancia me cortaba el dedo, me consolaban mis padres diciéndome que peor hubiera sido cortarme el brazo".

Es importante enseñar al niño a combatir todos los enemigos de su felicidad, tales como el temor, el tedio, la ansiedad, los celos, la envidia y el egoísmo. Debemos enseñarle que el hábito de alimentar pensamientos de odio, venganza y envidia transforma rápidamente en repulsivo un carácter amable, y en agrio el dulce, porque no es posible mantener una actitud positiva mientras acariciemos pensamientos negativos.

Si la educación de los niños estuviese debidamente orientada, les sería tan fácil ser felices como ahora les es ser infelices; porque lo mismo cuesta encaminar la mente de un niño hacia la felicidad, enseñarle a mirar el lado positivo de la vida, que encaminarlo hacia el lado sombrío y pesimista.

En un futuro ellos aprenderán que su eficacia, su éxito, su longevidad, su influencia y poderío dependerán principalmente de su equilibrio mental.

Los futuros padres sabrán encauzar la voluntad de sus hijos ayudándoles a fortalecer aquellas facultades que hoy creen débiles y a desarrollarse en las áreas donde crean que son deficientes, de modo que su crecimiento y desarrollo personal sea una de las mayores causas de felicidad. Si reprimimos la inclinación natural del niño al juego, sofocaremos sus facultades mentales, y el gozo acabará por huir de su corazón.

Las madres no saben el daño que causan a sus hijos cuando sin cesar les amonestan para que no hagan "esto" o "lo otro" y les prohíben reír o armar bullicio, hasta convertirlos en hombres y mujeres que pierden su ingenuidad infantil. Por el contrario, la vida de los niños debe ser alegre, placentera, llena de fulgor, gozo y alegría. Tenemos que estimularlos a reír y jugar, de suerte que su corazón rebose de júbilo. Las graves preocupaciones de la vida sobrevendrán muy rápidamente, para que no procuremos prolongar todo lo posible la niñez. La niñez triste es una de las principales causas de la vejez prematura.

Que poco se puede esperar de una niñez sin regocijo, pues los árboles sin flor nunca dan fruto. El juego es tan necesario para el crecimiento del niño, como la luz del sol para la planta. La niñez sin flores dará frutos ásperos y desabridos. El niño educado para la felicidad, a quien se le permitió expresar libremente su júbilo, no mostrará actitudes negativas en su ánimo. Una niñez feliz, gozosa y radiante es para el hombre lo que el suelo abundante y el sol refulgente son para la planta.

La niñez feliz es preparación indispensable para la vida adulta. Los hábitos tempranos de amabilidad y placidez influyen poderosamente en la madurez del hombre y en el ejercicio de su profesión.

Ahora o nunca. Lo mismo sucede con la planta humana. Una niñez empobrecida, triste y oprimida empequeñece al hombre. Alguien tiene la culpa y es responsable de esta ruptura de promesas, de este desvanecimiento de esperanzas, de esta limitación de posibilidades. La infancia debe ser radiantemente asoleada. Un niño triste y aburrido, un niño sin niñez, es una desgracia para la civilización.

Dejemos que los niños den esparcimiento a todo aquello que hay de gozoso y feliz en su naturaleza y seguramente fructificará en hombres y mujeres de temperamento valeroso. Los niños a quienes se les estimule su inclinación al esparcimiento serán más creativos y valiosos en la profesión que ejerzan, en el negocio a que se apliquen y en todas las modalidades de la vida. Tendrán mayor éxito y una influencia más eficaz en el mundo que aquellos a quienes se les oprima.

Si enseñáramos a los niños la filosofía de la felicidad, habría muchísimos menos desdichados, enfermos y criminales. Nos parece más necesario ejercitar las facultades intelectuales, y menospreciamos el ejercicio de las facultades afectivas. Sin embargo, en la educación del niño no hay elemento tan necesario como la formación de hábitos joviales, pues la más conveniente preparación para la vida es el desarrollo de las cualidades para el bien y la alegría.

CAPÍTULO SIETE

Los goces de la amistad

*L*a amistad firme y leal es una de nuestras mayores riquezas y, en ocasiones, nuestro último refugio y defensa contra el infortunio. Sin embargo, en vez de cultivarla y mantenerla menospreciamos su valor al tratarla con negligencia. Una de las razones por las cuales muchas personas tienen pocos amigos es que se muestran muy reprimidos para dar pero están ansiosos por recibir; pero quien fomenta cualidades amables y atractivas se ve rodeado de amigos sinceros.

Nada en el mundo es más hermoso que la seguridad de tener amigos sinceros, fieles, serviciales, cuyo afecto no dependa de las circunstancias, sino que nos amen aún más en la desgracia que en la prosperidad. La confianza en los verdaderos amigos es un perpetuo estímulo, pues el saber que otros creen y confían en nosotros nos alienta y anima para actuar y ser lo mejor que podamos. En verdad, no hay estímulo ni ayuda ni gozo más eficaces e intensos que los de la amistad íntima y sincera.

Gran cosa es tener amigos entusiastas que nos animen con sinceridad, se interesen constantemente por nosotros, alentándonos con palabras estimulantes siempre que convenga, y que, al propio tiempo toleren y nos ayuden con nuestras debilidades, deshagan las calumnias y mentiras que nos perjudiquen, desvanezcan las malas impresiones, nos pongan en buen lugar cuando necesitemos quien nos defienda en nuestra ausencia y que estén siempre dispuestos a ayudarnos a crecer y mejorar.

¡Qué figura tan deslucida tendríamos muchos de nosotros si no fuese por nuestros amigos! Ellos son el gran alivio de nuestras flaquezas, errores, defectos y tropiezos; son quienes disimulan nuestras faltas y cubren con el manto de la amistad nuestras imperfecciones. Ciertamente que fuera este es un mundo ingrato, desolado y frío sin los amigos que creen en nosotros, aunque los demás nos calumnien; sin los amigos que nos amen, no por lo que tenemos, sino por lo que somos.

Los que nos estiman y en vez de contrariar favorecen la confianza que debemos tener en nosotros mismos, duplican nuestra eficiencia, pues ante ellos nos sentimos con fuerzas suficientes para llevar a cabo cualquier tarea. Tal fue el secreto de la maravillosa actividad de Phillip Brooks, que, lleno de profunda fe en las posibilidades del ser humano, despertó en algunos jóvenes de mediana posición las fuerzas latentes en su interior, de modo que se sentían gigantes en su presencia, por el estímulo que les daba para realizar lo que de otro modo no se hubieran considerado capaces.

Brooks tenía la feliz facultad de infundir en la gente el sentimiento de la propia dignidad, afirmando la confianza en las fuerzas personales, acrecentando su entusiasmo por el bien. Él les convencía de lo vil y despreciable de mirar hacia abajo, pudiendo mirar hacia arriba; de arrastrarse, pudiendo volar; de sumirse en bajezas, cuando les era posible realizar tan altas obras. Su presencia animaba al tímido, decidía al vacilante y convertía en positivo al negativo. Esto es lo que la verdadera amistad puede hacer por nosotros.

El verdadero amigo nunca nos molesta con la representación de nuestra inferioridad o flaqueza, sino que, por el contrario, nos empuja para ayudarnos a subir. El amigo sincero influye poderosamente en el rumbo de nuestra vida. Gracias a esto, se libraron muchos de la desesperación y no desistieron de luchar por la victoria. ¡Cuántos vencieron la tentación del suicidio al pensar que alguien les amaba! Muchas vidas tuvieron su punto de salvación en el apretón de manos o en la alentadora palabra de un amigo.

Una de las obras más meritorias es favorecer con nuestro apoyo y amistad a quien, debido a su falta de dominio propio y autoestima, cae en algún vicio. Sé de un hombre que, esclavo de la bebida, se vio despreciado aun por su propia familia y le abandonaron sus padres y su esposa; pero un amigo se le mantuvo fiel en tan ingratas circunstancias, logrando salvarle más de una vez de la muerte cuando el alcohol le embotaba los sentidos. Vencido el hombre por la cariñosa actitud de tan firme amistad, recobró su sensatez y se propuso recuperar el hogar perdido. ¿Hay en el mundo dinero suficiente para pagar semejante amistad?

Sin embargo, quien oculta la verdad por no apenar a un amigo o por librarlo de enfrentar las consecuencias de sus actos, es menos valioso que el que es rigurosamente justo, franco y sincero. La verdadera amistad no puede apoyarse en la simulación y el engaño. La sinceridad es la base de la verdadera amistad.

Para emprender un negocio ¿qué capital supera en valor a la abundancia de amigos? Ninguno. Muchos empresarios, hoy en plena prosperidad, hubieran desfallecido ante las dificultades de la lucha en los momentos críticos de su vida, a no ser por la amistad sincera que les levantó el ánimo.

Nadie puede disfrutar verdaderamente de la vida sin los goces de la amistad, ni es posible que coseche frutos si permanece enteramente aislado, porque el valor de la vida está en el trato cariñoso y en la comunicación afectuosa con nuestros semejantes. Alguien afirmó que la infelicidad es el hambre de adquirir y la felicidad el hambre de dar.

La amistad no es egoísta, ni es un camino de una sola vía. La verdadera amistad debe ser recíproca y no es posible que quien lo reciba todo sin dar nada experimente los goces de la verdadera amistad.

Todos recibimos lo que sembramos. Hay quienes se sienten solos en la vida y suspiran por ganar amigos y obtener el amor y estimación de los demás; pero todos los esquivan y evitan tratarlos, porque hay en ellos algo que repele. Por lo general son personas muy irritables y altaneras y les sorprende verse rechazadas y esquivadas, sin acertar a descubrir que en sí mismos está la causa de semejante desagrado.

Es imposible cultivar la amistad a menos que exista algo que podamos apreciar en la otra persona, y aquel que está lleno de defectos y malos hábitos no puede esperar interés de nadie. La persona intolerante, egoísta, mezquina o hipócrita no logrará jamás la simpatía de las personas nobles y generosas.

El temperamento jovial, el deseo de difundir gozo y alegría y de apoyar a los demás son elementos maravillosamente favorables a la amistad. Hay personas que por doquiera que van difunden luz y gozo, y destierran la tristeza, e iluminan los corazones apesadumbrados.

Qué pronto alcanzaríamos el camino a la felicidad si lográramos ver en el ser más infeliz a un hermano, y miráramos a todo el mundo con la mirada caritativa de quien descubre la imagen de Dios hasta en el hombre más vil; quien ve un ser bondadoso en el más tacaño, un héroe en el más cobarde, y dijésemos: "No condenaré a este hombre. Hay en él algo divino que yo puedo desenterrar".

Si queremos ser felices, debemos tener el carácter franco y amable y el espíritu gozoso. No debemos limitar la cordialidad, la ayuda y la cortesía hacia los demás. Por el contrario, debemos dar a todo ser humano lo mejor de que dispongamos cuando la ocasión lo requiera. Debemos tratar afectuosamente a cuantos nos rodeen, siendo siempre generosos. Si lo hacemos, veremos cómo se engrandece nuestra vida, se extiende nuestra alma y toda nuestra naturaleza se realza y enriquece. No temamos decirles a nuestros amigos que los amamos, ni dejemos de señalarles las cualidades que admiramos en ellos.

Tan sólo hallará su vida quien la pierda y la dé en amoroso y auxiliador servicio a los demás. Esta es la siembra que rinde abundante cosecha. Quien recibe cuanto puede sin dar nada, no conoce la verdadera riqueza. Es como el labrador que teme esparcir la semilla, creyendo que guardándola en sus arcas será más rico. No la entrega a la tierra porque no logra ver la cosecha en la siembra.

Sin duda que Abraham Lincoln fue uno de los hombres más ricos de toda América, porque se entregó enteramente a su país y no quiso vender sus aptitudes al mejor postor ni codiciar enorme paga. Lincoln vive en la historia porque pensó mucho más en los demás que en su éxito personal. Se dio a su patria como el labrador prudente da la semilla a la tierra; y ¡cuán copiosa cosecha ha rendido aquella siembra!

¿Hay algo más desolador en este mundo que tener mucho dinero y ningún amigo leal? ¿De qué sirven los éxitos materiales si para lograrlos hemos sacrificado la amistad y los más valiosos tesoros de la vida?

Podremos tener multitud de conocidos, pero ellos no son amigos. Hay muchos ricos que apenas conocen el lujo de la verdadera amistad, pues no merece el nombre de amistad el postizo afecto de quienes nos halagan en la prosperidad, mientras tenemos poder y riqueza, pero nos olvidan en el infortunio. La verdadera amistad es tan constante en las tinieblas de la desgracia como en los esplendores de la dicha.

Podemos confiar, por lo general, en el hombre que nunca vuelve la espalda a los amigos, pues el desleal no es capaz de sentir la verdadera amistad. Sin embargo, es importante entender que debemos valorar sobretodo a aquellos amigos que influyen de manera positiva sobre nuestro espíritu.

Una persona puede asegurar o comprometer su futuro según las amistades que mantenga. Los amigos íntimos moldean nuestro carácter, y nos impregnamos ya sea de sus nobles virtudes o de sus malos hábitos.

A propósito, Charles Kingsley afirma: Los hombres son falsos, si conviven con mentirosos; cínicos, si con desvergonzados; ruines, si con avaros; vanidosos, si con presumidos. El ser humano tiende a asimilar los vicios de las personas que frecuenta.

Únicamente podemos adquirir lo que damos. Los amigos son la cosecha de la amistad que hayamos sembrado. Si la semilla es pobre, también lo será la cosecha, pues para tener abundancia de buenos amigos es preciso sembrar también abundantemente la simpatía, la solicitud, la admiración, el servicio y el amor. La amistad sincera puede enriquecer y alegrar nuestra vida más intensamente que todos los tesoros del mundo.

Ella Wheeler Wilcox escribía: "Siempre pensé que la amistad es el camino de la dicha, y que un espíritu amplio es capaz de muchas y verdaderas amistades, pues cada amigo nos atrae por distinto motivo. Los amigos son los libros del corazón. El amigo serio es un tratado de filosofía; el gracioso, un libro humorístico; y lo mismo puede decirse del poeta, el novelista y el historiador. Pero así como en una biblioteca no hay libro incompatible con otro en nuestra mente, así tampoco los amigos se excluyen mutuamente de nuestro corazón.

Sin embargo, el amigo pesimista nos advertirá que nos encontraremos con personas falsas cuya fingida amistad nos desilusionará con mayor pena que el gozo que pudo habernos proporcionado la verdadera. Nos aconsejará que actuemos con gran cautela y precaución. A pesar de todo, tuve mi opinión y contraje muchas amistades. Se rompieron algunas y sufrí por ello; pero entre todas, penetró en mi corazón una tan intensamente fiel, que allí quedó para siempre. En el amigo sincero y digno de la verdadera amistad está el camino de la verdadera y perdurable dicha".

Shakespeare nos enseña a distinguir entre el amigo verdadero y el falso, diciendo: "Quien de veras sea tu amigo, te socorrerá en la necesidad, llorará si te entristeces y compartirá contigo las penas del corazón. Estos son signos seguros para distinguir al fiel amigo del adulador enemigo".

Capítulo ocho

Cuando retrasamos nuestra propia felicidad

$\mathcal{U}$n ambicioso joven se propuso emplear la primera mitad de su vida en reunir un millón de dólares para disfrutarlo descansadamente durante el resto de sus días. Para esto, resolvió sacrificar todos sus gustos en aras de lograr su cometido y eliminar todo cuanto pudiera distraerlo de su objetivo. Reprimió en el fondo de su corazón sus aspiraciones y deseos con la esperanza de satisfacerlas cuando hubiera logrado su meta y dispusiera de medios abundantes.

Sin embargo, una vez que consiguió el primer millón ambicionó otro más y quiso seguir trabajando hasta tener dos millones, y aunque resolvió detenerse allí y disfrutar de sus riquezas, muy pronto vio que estaba bajo el azote de la ambición y persistió en sus afanes de lograr una mayor fortuna, sofocando sus gustos y deseos, hasta que, al fin, logró un día controlar su codicia y se dispuso a gozar tranquilamente de su fortuna. Pero muy pronto se dio cuenta que había perdido todo gusto por aquellas cosas que le entusiasmaban en su juventud.

Quiso viajar, pero se sorprendió al ver que las obras maestras de arquitectura, pintura y escultura, que tanto había soñado visitar, eran libros cerrados para su mente.

Ya no le llamaba la atención nada de esto. Resolvió entonces rodearse de amigos que alegraran el resto de sus días; pero también el sentimiento de la amistad estaba atrofiado por falta de ejercicio, pues había sacrificado a sus amigos en aras del interés.

En vista de estos fracasos se acogió a la música, su primer amor, creyendo que aún lo conservaba, y fue a la ópera, con igual sentimiento de fracaso, pues la falta de aplicación había amortiguado sus facultades musicales.

Así pasó de una a otra diversión con el intento de disfrutarlas, y pudo convencerse de que nada le satisfacía. Había perdido toda aptitud para el deleite y su fortuna era una ironía. Había sacrificado juventud, amistades, arte, salud, educación y música y ahora se encontraba en medio de la opulencia, pero incapaz de disfrutar su fortuna. Tenía dinero y nada más.

El único medio para ser felices consiste en aprovecharnos de las imperceptibles ocasiones que nos va ofreciendo el curso natural de la vida. Si día tras día y año tras año diferimos nuestros legítimos goces hasta mejorar de posición o tener una mayor fortuna, destruiremos la capacidad de gozar en el futuro y lamentaremos en la vejez no haber disfrutado de la vida tal como se nos presentaba día a día.

Algunas veces veo jóvenes que nacieron en hogares muy pobres y que durante años y años trabajan sin darse el más leve gusto, absteniéndose de viajar, leer u otras cosas que pudieran ampliar su cultura, por el afán de ganar dinero en espera de tener con él plena ocasión de divertirse. Pero les engaña el pensamiento de que al cabo del año mejorará la suerte de su vida; pues también al año siguiente, cuando esperaban darse algún regalo, les asalta la ambición de esperar más tiempo, y así van difiriendo de año en año hasta los placeres más simples de la vida.

El mundo está lleno de personas que, por ansia de riquezas, sacrificaron salud, familia, descanso, recreo, amistades y toda oportunidad de instruirse. ¿Qué pago tuvieron? Hoy son neuróticos, fracasados, sin amigos ni hogar, y todo ello por la ambición de acaparar mayor riqueza.

Algo tienen de desagradables los sacrificios que, erróneamente, muchos creemos que debemos hacer y el precio que pagamos por nuestras fortunas. A menudo encontramos personas que tienen dinero y no otra cosa. Está bien aspirar a la libertad financiera y desear una mejor calidad de vida; pero no atesorar afanosamente sacrificando nuestra vida para ello.

La naturaleza guarda inapreciables reservas y nos permite tomar cuanto necesitamos, con tal que estemos dispuestos a pagar el precio; pero muchas veces sacrificamos innecesariamente cosas muchísimo más valiosas a cambio de lo que perseguimos.

Nadie comprende su dicha hasta que la pierde y se da cuenta que ya es demasiado tarde para hacer cuanto pudo y no hizo. Cuántos pasan los mejores años de su vida absteniéndose de toda distracción, esclavos de sí mismos, en la más tacaña economía, con la esperanza de disfrutar de todo más descansadamente en el futuro.

El gran secreto de la dicha es gozar de la vida en la medida en que ésta va pasando. Por ardua que sea nuestra labor, siempre debemos buscar algo en las experiencias cotidianas que amplíe y enriquezca nuestra mente. Bien dice el adagio: "No dejes para mañana lo que puedes hacer hoy". No es natural que una parte de la vida esté repleta de gozo y la otra parte quede árida y desolada.

Dice un escritor: "Que absurdo sería tratar de embotellar rayos de luna para utilizarlos en las noches nubladas". El único medio de ser feliz es recoger las gotitas de felicidad que Dios nos da cada día de nuestra vida. El niño debe aprender a ser feliz mientras se aplica al estudio; el aprendiz mientras se ejercita en su oficio; el empresario mientras construye su negocio y amasa su fortuna. Si no lo hacen así, corren el peligro de perder toda posibilidad de disfrutar cuanto hayan adquirido.

Cuenta una leyenda oriental, que un poderoso genio prometió un valiosísimo regalo a una hermosa doncella si atravesaba un trigal y lograba arrancar la espiga más grande y madura, sin detenerse ni retroceder lo ya caminado. Su recompensa sería proporcional al tamaño y lozanía de la espiga que escogiera. La muchacha atravesó el trigal viendo a su paso muchas espigas que invitaban a ser recogidas; pero siguió adelante con la esperanza de encontrar la más grande de todas, hasta que, sin darse cuenta, llegó al otro lado del trigal sin haber arrancado ninguna, ni poder devolverse por una de las tantas que la hubieran hecho feliz.

Esta leyenda ilustra claramente la conducta de muchas personas, que dejan pasar lo cierto por esperar lo dudoso. En una noche oscura y en un sitio peligroso vale mucho más una linterna de mano que doce estrellas.

El niño que va a la escuela primaria cree que será feliz cuando ingrese a la secundaria. El alumno de secundaria sueña en pasar a la universidad, y cree que una vez allí, encontrará la felicidad. El universitario anhela graduarse, y suspira por la bendita hora en que podrá ejercer la profesión. El profesional sólo piensa en ganar mucho dinero para tener su casa propia; pero cuando esta ocasión llega, aplaza indefinidamente el goce de poseerla porque todo el tiempo se lo absorbe el trabajo y no puede realizar todo aquello que tanto deseaba. Entonces piensa que sólo logrará la felicidad una vez se pensione y deje de trabajar. Y así termina aplazando su felicidad por siempre.

Sólo es feliz quien sabe extraer la felicidad de las condiciones positivas en que se encuentra y no de las imaginarias e ideales. Quien haya descubierto este secreto no esperará que cambien las circunstancias ni demorará su dicha hasta el año próximo o hasta que sea adinerado, sino que sacará todo el partido posible de su situación actual.

Por mucho que haya logrado una persona, no podrá derivar su felicidad de otra fuente que de lo que haya construido durante los años de trabajo. Únicamente será feliz si fue bondadoso, considerado y justo con cuantos le ayudaron a labrar su fortuna; si cultivó la amistad y el trato social; si fue íntegro y fiel en sus relaciones y no hay ni un dólar mal ganado en su tesoro; si no hundió a otros al escalar la cima de su fortuna y supo fortalecer en su carácter la generosidad.

Cada persona es dueña de lo que haya acumulado; pero la satisfacción que experimente dependerá de los hábitos contraídos y de las facultades desarrolladas. Por lo tanto, si durante veinticinco años una persona estuvo alimentando su egoísmo y eludiendo la generosidad, no podemos esperar que la posesión de una fortuna la convierta de repente en un ser generoso.

Dice un autor a este propósito: "Nuestra conducta respecto de los goces de la vida se parece mucho a la del granjero que cosechaba fresas. Poco después de plantarlas dieron su fruto. Sus hijos le pidieron algunas, pero él se negó, diciendo que todavía estaban verdes. Ya maduras, volvieron los chiquillos a pedirle algunas para un postre; pero él había resuelto guardarlas para hacer jalea. Cuando llegó la ocasión de cosecharlas, el granjero quiso concluir una labor que traía entre manos, por lo que no pudo hacer la jalea a su debido tiempo. Cuando finalmente decidió actuar, el calor del sol, el picoteo de los pájaros y una brusca tempestad habían devastado el fruto".

Eso le sucede a quien pospone una y otra vez su propia felicidad. Así procedemos con las bendiciones, alegrías y dichas que cotidianamente nos presenta la vida. A cada oportunidad exclamamos: "¡Cómo podría disfrutar de esto, si sólo tuviese aquello otro!" Y dejamos perder la ocasión de disfrutarlo. Dejamos todo para cuando se presente la ocasión ideal para disfrutarlo. Esperamos el día en que podamos gozar plenamente de nuestra salud, nuestra casa y nuestros amigos; pero, ¿quién nos asegura que tras tanta espera esté todavía el fruto en la planta? Así que aprende a disfrutar plenamente el hoy.

CAPÍTULO NUEVE
El poder del
pensamiento positivo

$\mathcal{L}$a sonrisa es una verdadera fuerza vital, la única capaz de mover lo inconmovible.

El hijo de un campesino le preguntaba a su padre:

-¿Qué quiere decir optimista?

Y el humilde agricultor respondió:

-Mira, Juan, yo no puedo definirte esta palabra ni muchas otras, según el diccionario; pero si quieres tener idea de lo que significa ser optimista, acuérdate del tío Enrique, pues sospecho que si algún optimista hubo en el mundo fue él. Todo le salía bien, especialmente lo que más trabajo exigía, lo cual, él siempre hacía gustoso.

Una de las cosas que menos me gustaba hacer a mí, era labrar la tierra en pleno sol de verano, y cierto día que me retardé un poco en el campo, me clavó los ojos tu tío Enrique, y me dijo: "¡Muy bien, Jaime! Cuando hagamos estas dos filas de surco, habremos terminado la mitad de la faena". Y dijo esto en tono tan cariñoso, que no me hubiera sentido yo tan halagado de estar ya listo el trabajo. Pero la tarea más fatigosa para mí era la de limpiar el campo de piedras; y sin embargo, el tío Enrique la miraba como si fuese la cosa más divertida del mundo. Una vez, luego de labrar la tierra, nos mandó nuestro padre a quitar piedras, yo estaba a punto de rebelarme, cuando me dijo tu tío Enrique:

-Ven, Jaime. Nos vamos a divertir en grande.

Y me llevó al campo y nos pusimos a jugar con las piedras tirándolas a lo lejos como en pedrea y fingiendo al encontrarlas que eran pedazos de oro. Así al cabo de un corto tiempo, el campo estaba limpio de piedras, sin cansancio ni aburrimiento de nuestra parte.

Una mente optimista nos permite distinguir lo excelente y lo positivo que hay a nuestro alrededor. Que nocivas son las personas que andan con un semblante triste y amargado. Todo les parece mal y no ven sino las cosas negativas y desagradables. El pesimismo siempre destruye, nunca construye.

Necesitamos personas que expandan felicidad por donde quiera que vayan; que aparten la vista de lo amargo y puedan admirar la belleza y perfección de este mundo que Dios hizo, y puedan ver en sus semejantes la pura, limpia y saludable imagen de Dios.

Qué abundancia atesora una persona radiante y optimista. Envidiable fortuna es un rostro sonriente capaz de difundir alegría por doquiera que vaya, de disipar las tristezas, consolar los corazones afligidos y enaltecer las almas sumidas en la desesperación.

Desecha e ignora todo lo que te cause desdicha, discordia y tedio, y todo cuanto entorpezca tu libertad. Nadie fracasó hasta perder el optimismo y la esperanza en el éxito de sus empresas.

Todos hemos oído hablar de algunas personas que aún en medio de las peores circunstancias mantuvieron la esperanza. Personas como aquel muchacho en la ciudad de Nueva York, que estuvo cuatro años metido en un armazón ortopédico a causa de una deformación de la columna, y sin embargo, era el joven más feliz del hospital.

La prueba del carácter de una persona está en mantenerse jovial, sereno y esperanzado aun en la desgracia. Es fácil ser optimista cuando todo está bien y nos encontramos en plena salud y prosperidad, pero se requiere un ser humano especial y un carácter valeroso para persistir cuando enfrentamos circunstancias adversas, y las cosas no salen como las habíamos planeado.

Los triunfadores son aquellos que persisten y no decaen ante las adversidades; los que, como Emerson, creen que toda injusticia tiene reparo y todo anhelo del alma tiene satisfacción; los que miran las cosas por el lado positivo y descubren la oportunidad donde otros sólo ven obstáculos. Aquellos que están convencidos del triunfo definitivo de la verdad sobre el error, de la armonía sobre la discordancia, del amor sobre el odio, de la virtud sobre el vicio, de la luz sobre las tinieblas y de la vida sobre la muerte.

Personas que saben rodearse de un ambiente de paz y armonía, aun en medio de las más turbulentas y tenebrosas circunstancias. Después de todo, esta paz y serenidad se originan en el dominio de nuestros pensamientos y del conocimiento de que tan solo es verdadero lo real y lo bueno, porque Dios lo inspira; y que todo lo demás es falso, porque no viene de Él.

Parece simple, pero lo cierto es que para triunfar y lograr la felicidad que buscamos, lo único que debemos hacer es pensar siempre en el bien; rechazar el mal; mantener la mente tan ocupada en lograr lo bueno y lo verdadero, que no halle allí sitio ningún pensamiento negativo y debilitante. Si en nuestro interior no hay armonía ni amor a la justicia, entonces la bondad, la verdad o la belleza, no podrán ser parte de nuestra manera de ser. Si no llevamos dentro de nosotros la belleza, no la encontraremos en ninguna parte.

Recuerdo a cierta persona que daba siempre gracias a Dios por los beneficios recibidos, a pesar de las adversidades que le habían sobrevenido durante su vida. Había perdido su casa, su familia y sus bienes. Sus amigos se asombraban de que, a pesar de todo, tuviese motivos de gratitud, a lo que respondía tan optimista como siempre: "Aunque lo haya perdido todo, le agradezco a Dios que me haya dejado un diente arriba y otro abajo".

Un hombre que viajaba en ferrocarril acertó a sentarse junto a una anciana que, de cuando en cuando, tomaba una botella del maletín, y sacándola fuera de la ventanilla, derramaba algo que parecía sal. Movido por la curiosidad, le preguntó qué significaba aquella operación, y la señora respondió: "son semillas de flores. Hace ya muchos años que cuando voy de viaje tengo la costumbre de esparcir semillas a lo largo de la vía, sobre todo en los parajes más áridos y desolados. ¿Ve usted esas hermosas flores que hay al otro lado del muro? Pues hace muchos años yo derramé las semillas al viajar por esta misma línea.

Dice un autor: "¡Esperanza, optimismo y alegría! Derrámalas por doquiera que vayas como rosas en tu camino. Entrégalas a cambio de rencores y calumnias y devuélvelas cuando te den menosprecios y quejas. Comunícalas por la mañana a tus compañeros de trabajo y llévalas por la tarde a tu familia. Infúndelas en el enfermo y el afligido. Siempre y por doquier calienta con alegría los fríos hogares y los duros corazones".

El optimismo, en circunstancias difíciles, es como luz del sol que disipa las tinieblas de la noche al amanecer del nuevo día. Es incalculable la influencia de un espíritu optimista. Así como basta una gota de aceite para callar el ruido de un eje de una puerta, basta un simple rayo de sol para desvanecer la sombra. Y así como la beneficiosa e inspiradora influencia de la luz solar, tan necesaria para la vida y la salud, llena de regocijo toda la naturaleza y aviva el alma de la persona, un semblante alegre ilumina los corazones ajenos y fortalece a cuantos le miran y reciben ánimos para vencer los obstáculos que se les interponen en el camino.

El semblante alegre es un don propio del pobre y del rico indistintamente, del joven y del viejo. Todos tienen derecho a este don y todos pueden disfrutarlo. Cuando estamos alegres todo nos sonríe y parece como si la naturaleza entera participara de nuestra alegría y reflejara nuestro júbilo; pero si estamos tristes y abatidos, todo cuanto nos rodea toma el mismo color.

Cuando la sonrisa se apaga en nuestros labios, la mente se llena de imágenes negativas y queda infestada de dudas y temores. Cuando la valentía se marcha, viene el desorden; cuando el júbilo sale, entra la tristeza.

Si algo necesita nuestra sociedad son personas optimistas y alegres. Lo mismo cuesta poner semblante risueño que ir de un lado a otro con el rostro tormentoso; y sin embargo, ¡cuán diversamente influiremos, según el caso, en quien nos vea, pues todos reciben la ayuda o sufren el estorbo que de nosotros emana!

Emerson decía: "No cuelgues de las paredes cuadros siniestros ni converses de cosas sombrías y melancólicas". Si caminas con rostro afligido, estás anunciando que la esperanza ha muerto en tu interior y que has fracasado en la vida.

No hay nada más valioso en la vida que olvidar las cosas desagradables, aquello que nos causó pena y fue obstáculo de nuestro éxito. Aprende de tus caídas y continua moviéndote a paso firme. Quien logra hacer esto, es dueño de su actitud y puede ser feliz en circunstancias prósperas o adversas, regocijándose a pesar de que otros estén tristes y disfrutando, así los demás pierdan la esperanza.

El mundo es un espejo que refleja nuestra personalidad,

Ciertamente el mundo nos devuelve lo que depositemos en él. Si reímos también ríe, y si lloramos aparece el reflejo con triste semblante. Aprendamos el hermoso arte de alegrar todas las cosas y contraigamos el hábito de volver un bien las pruebas de la vida, pues de cada persona con quien nos relacionemos nos será posible aprender algo que amplíe nuestro tesoro espiritual. Toda experiencia entraña una lección. ¿Por qué no aprovecharla?

Una mujer dedicada al negocio explica la interesante prueba por la que pasó:

"Al salir cierta mañana para mi labor diaria, me propuse poner a prueba la fuerza del pensamiento positivo, pues durante largo tiempo había sido yo áspera, malhumorada y pesimista. Había escuchado sobre los efectos positivos de una actitud positiva, y quería probar si cambiando mi manera de pensar lograba influir en los demás.

Al principio, fue pura curiosidad; pero, a medida que avanzaba por la calle, se fortaleció mi propósito y me imaginé que era feliz y que la gente me trataba bien. El resultado de estos pensamientos fue sorprendente, porque me pareció como si me levantaran del suelo y anduviera por el aire con una postura más esbelta y un caminar más ligero. Sonreía de satisfacción, y al mirar a los demás y ver en su semblante reflejados la ansiedad, el descontento y el mal humor, se volvió mi corazón hacia ellos con deseo de infundirles la alegría que invadía todo mi ser.

Al llegar a la oficina saludé a la primera persona que vi con una frase amable, algo que debido a mi timidez no se me hubiera ocurrido anteriormente. Este gesto nos puso a las dos en una actitud de cordialidad durante todo el día, pues ella sintió la influencia de mi saludo.

El director de la compañía en que yo estaba empleada era un hombre muy mal humorado en los negocios, y cuando me hacía alguna observación sobre mi trabajo me molestaba y resentía, debido a mi sensibilidad; pero aquella mañana no quise quebrantar mi determinación y contesté muy cordialmente a las observaciones, con lo que él se apaciguó y estuvo de buen humor todo el día. No consentí que se interpusiera la más leve sombra entre mi serenidad y los que me rodeaban. Hice lo mismo en la casa donde me hospedaba, y si hasta entonces me había sentido allí como extraña por falta de simpatía, encontré calurosa amistad y correspondencia de manera inmediata".

Estoy convencido que las demás personas están dispuestas a venir a mitad de camino si nosotros nos tomáramos la molestia de avanzar hasta la otra mitad, hacia ellas. Si crees que las personas no te están tratando afectuosamente, resuelve ya mismo: "Quiero conservarme joven y saludable; y aunque las cosas no siempre salgan a la medida de mis deseos, esparciré alegría en el camino de todos aquellos con quienes me encuentre". Entonces florecerá la dicha a tu alrededor, nunca te faltarán amigos y compañeros y, sobre todo, gozará tu alma de la paz de Dios.

Para la persona negativa, nada es luminoso, bello y radiante a su alrededor. Su mirada es siempre hosca y continuamente se queja del mal aspecto de los tiempos y de la escasez de dinero. Todo en ellos es pobre; nada cordial, amplio y generoso.

A otras personas les pasa precisamente lo contrario, pues su resplandeciente ser no arroja sombras, siempre tratan a los demás con cariño y nunca hablan sino cosas que inspiren y motiven. Señalan siempre las virtudes de los demás y los tratan siempre con palabras alentadoras.

Nada hay que tanto nos satisfaga y compense como los servicios prestados a nuestros semejantes en toda oportunidad, y si no puedes prestárselos materialmente, siempre puedes ayudarles con tu apoyo y ánimo, con palabras de amistad, amabilidad y estímulo. Más que de dinero, hay muchos seres humanos hambrientos de la compasión y el cariño, que siempre podemos dar.

CAPÍTULO DIEZ

Los resultados del temor y el tedio

*A*noté diariamente mis penas y cuando las releí al cabo de pocos años, en vez de arrancarme lágrimas, me hicieron morir de risa.

El tedio –definido como monotonía, aburrimiento y rutina– es la forma más común de suicidio.

Compadecido cierto mago de un ratón que anidaba en su casa en perpetuo temor al gato, lo transformó en gato. Entonces tuvo miedo del perro, así que lo transformó en perro. Sin embargo, le asaltó el temor del león, por lo que lo transformó en león, sin que acabara aquí su miedo, pues ahora estaba temeroso del cazador. Sin poder hacer más, el mago lo volvió a su estado original, diciéndole: "Puesto que tienes nervios de ratón, no es posible protegerte dándote el cuerpo del más feroz animal".

Muchas personas parecen incapaces de desechar el temor de su mente. Si son pobres, se figuran que con salud y dinero no tendrían miedo a nada ni volverían a sentir molestia alguna. Se figuran que si poseyeran esto o lo otro, si estuvieran en distintas condiciones o en diversas circunstancias, podrían deshacerse de la ansiedad, las dudas y los miedos; pero cuando obtienen lo que querían continúa persiguiéndolos el mismo enemigo, aunque en otra forma.

El temor y el tedio son los mayores enemigos de la felicidad. Siempre y por doquier podemos hallarnos con una contrariedad; pero cualquier infortunio que nos sobrevenga lo podremos soportar mucho mejor sin esos dos asesinos de la felicidad. En efecto, el temor es el más antiguo de todos los enemigos del éxito, y el tedio es su odioso cómplice. Siempre fue el temor propio de la condición humana; pero el tedio es enfermedad peculiar de nuestra época.

Conozco a un hombre de gran potencial que arruinó, en gran parte, su carrera a consecuencia de la parálisis que le producía el temor. Desesperadamente luchó contra él sin resultado, hasta que, no hace mucho, descubrió que era posible neutralizarlo por medio de una actitud mental positiva.

Confesaba este hombre que el temor le había seguido los pasos desde la infancia, había reprimido su potencial, impidiéndole emprender cosas que confiaba plenamente en poder llevar a cabo. Sin embargo, desde que descubrió el modo de neutralizar este violento destructor de su dicha, fue enteramente distinta su actitud mental, y pudo ver las oportunidades que se encontraban frente a él.

La eliminación de este enemigo determinó que una persona que en un tiempo se sentía débil, vacilante y temerosa para toda empresa, hoy es fuerte, vigorosa y confiada. Hoy, es capaz de hacer en un mes mucho más y con mayor facilidad de lo que penosamente hacía antes en un año.

El temor mata la esperanza; el tedio y la ansiedad desvanecen la confianza, anulan la fuerza de concentración y paralizan las iniciativas. El temor es fatal enemigo de toda proeza; es el emponzoñador de la felicidad.

Nuestros mayores enemigos se quedan en nuestra mente, en nuestra imaginación, en nuestro falso concepto de la vida.

No hay esclavitud comparable a la de ser víctima de aquellos pensamientos que nos acobardan.

La ignorancia y la superstición desbaratan la dicha de muchas personas. Muchos creen que las supersticiones son inofensivas; pero no es inofensivo nada que venga del error y la ignorancia. Muchas personas se creen perpetuamente amenazadas por la desgracia. Sienten que les acosa aun en los momentos más dichosos de su vida, y de tal modo les perturba, que jamás pueden disfrutar con verdadero placer de bien alguno.

Muy extraño es que, después de tantos siglos de experiencias y aleccionamientos, los seres humanos no sepamos todavía que el temor es un espectro de la imaginación y no nos hayamos resuelto a emanciparnos de este cruel enemigo de la felicidad. Parece que el género humano debiera haber hallado hace siglos algún camino lejano de este sufrimiento innecesario; pero aún nos estremecemos al pensar en los mismos fantasmas de temor y tedio que acosaron a nuestros antepasados y que fácilmente podríamos desvanecer de nuestros pensamientos.

Si los que están al fin de su vida miraran atrás, verían que jamás ocurrieron aquellas desgracias cuyo temor les envejeció prematuramente, robándoles la alegría del vivir.

Desde los albores de la historia hasta nuestros días ha torturado a la humanidad un fantasma ilusorio de la imaginación: el temor.

Muchas personas, por ejemplo, temen tanto a la muerte y tanto terror les causa su mención, que no disfrutan ni de la mitad de la vida, ni obtienen cuanto les hubiera sido posible. Conozco a algunas que, aun siendo jóvenes, se prepararon continuamente para la muerte, ordenando sus asuntos, redactando su testamento y decidiendo cómo se debían administrar sus negocios después de su fallecimiento. Sin cesar hablaban de la muerte y proyectaban esto como una película cinematográfica en la mente de sus hijos.

Qué siniestro es para un niño crecer en semejante atmósfera de temor a la muerte. Muchos padres los atemorizan al acostarse diciéndoles que piensen que podrían morirse aquella misma noche. ¿Qué gana el niño con tales advertencias?

Quien cree que es víctima de la fatalidad, que todos sus planes van a fracasar y se van a desvanecer todas sus esperanzas sin que puedan cosechar el fruto de sus esfuerzos, no podrá adquirir aquella firmeza de carácter que es la esencia de toda vida extraordinaria.

Todos somos capaces de dominar la mente y regir nuestros pensamientos en todo momento, porque da lástima ver personas que, con fortaleza para muchas cosas, son víctimas pasivas de pensamientos debilitantes que podrían opacarlas en un instante.

Todo ser humano debe ser capaz de gobernar su mente. Debe ser capaz de abrir y cerrar las puertas de este reino para acoger o desterrar los pensamientos a su albedrío.

Miles de hombres y mujeres mueren cada año por el desfallecimiento del espíritu, por las esperanzas desvanecidas, las ambiciones truncadas y el agotamiento prematuro. Todavía no hemos aprendido a fomentar aquel elevado e inteligente optimismo propio de las personas elegidas que confían en su poder; aquella placidez de ánimo, que es la más eficaz medicina contra las enfermedades de la humanidad. No hemos aprendido todavía que la aflicción, la ansiedad y el temor son los mayores enemigos de la vida humana, contra los que debemos oponer toda nuestra resistencia.

Si no logras ser feliz en el infortunio, no lo serás en ninguna circunstancia. Quien se deja empujar de un lado para otro por la preocupación del momento, no alcanza a conocer la felicidad. Decía un conocido predicador: "Cada instante de tedio debilita las fuerzas que el alma ha de emplear en sus cotidianas luchas. El tedio es una enfermedad que agranda los peligros y convierte en montañas los granos de arena. Es el tedio una especie de locura. Así como tendríamos por loco al hombre que para conservar la salud tomase cada mañana una dosis de veneno, no es menos locura desear la felicidad y ceder a la influencia del tedio. Es como si nos encaminásemos hacia el sur en busca del norte. El tedio paraliza las fuerzas necesarias para combatir el mal".

¿Qué diríamos del comerciante que, al borde de la quiebra, malgastara locamente el dinero en vez de ahorrarlo para salvar su situación? Pues algo incomparablemente más insensato hace el tedioso, cuyos elementos para resolver los problemas que encuentra son el poder de su mente, su capacidad creadora y su energía, y sin embargo, los malgasta en noches de insomnio, en momentos de ansiedad y tensión nerviosa, labrando con ello no sólo su propia infelicidad, sino la de su familia. Imposibles son la paz de la mente, la dicha de la vida y el éxito, cuando supeditamos su logro a condiciones externas que están fuera de nuestro control.

Debemos entender que no podemos derrocar de su trono al temor atacándole violentamente, así que debemos valernos de otro sentimiento más fuerte que él —el antídoto del temor— que es la confianza y la fe.

Si nos aliamos con la fe destituiremos el temor. Y cuando lo hayamos desalojado por completo, se marchará también el tedio y nos veremos libres de los dos grandes enemigos de la felicidad. Entonces descansaremos en el firme sentimiento de la seguridad. Ésta engendrará confianza y poder, que son los cimientos propicios sobre los cuales construir una vida de éxito y felicidad.

CAPÍTULO ONCE

El secreto para vivir una vida feliz

*E*l secreto de la felicidad es la satisfacción interior. La mayoría de las personas miran muchas cosas de valor en la vida real tan rápidamente como el paisaje que atraviesan a toda velocidad en su automóvil. Si no anduviéramos tan de prisa, gozaríamos de las cosas pequeñas pero maravillosas que la vida nos ofrece. Pero tenemos la mente tan enfocada en el camino que se prolonga ante nuestro vehículo, que no tenemos tiempo para disfrutar aquello que tan apresuradamente perseguimos.

Esta carrera violenta y sin sentido no merece el nombre de vida; es una fiebre, una enfermedad sin relación alguna con la felicidad. En alguna oportunidad le preguntaron al octogenario Oliver Wendell Holmes por el secreto de su apariencia juvenil a pesar de su avanzada edad y él respondió: "La debo, principalmente, a la optimista disposición de ánimo e invariable satisfacción interior que experimenté en todas las épocas de mi vida, sin que jamás haya sentido las turbulencias de la ambición, pues la inquietud, el descontento y el desasosiego son causa de la vejez prematura. Las arrugas no aparecen en los rostros que sin cesar sonríen. La sonrisa es el más eficaz masaje. La alegría es la fuente de la juventud".

La ambición que el ilustre Wendell Holmes condena es la engendrada por el egoísmo y la vanidad, cuyos propósitos se resumen en la búsqueda de la fama, la popularidad, las riquezas materiales y el encumbramiento personal. El loco afán de imitar a los demás, de aventajarlos en ostentación y lujo, es el mayor enemigo de la dicha, porque nos incita a esforzamos por egoísmo a tener la casa más grande y los hijos más elegantemente vestidos, sin darnos cuenta que toda esta ostentación nada vale ante el ejemplo positivo de una carácter noble.

Legítima y meritoria ambición es la de la persona que procura ser útil a la humanidad, que se esfuerza en disipar la ignorancia, en realzar día a día sus pensamientos, en tener algo más de confianza en sí mismo y en los demás, y en servir provechosamente a sus semejantes. Tal es la ambición de cuyo logro deriva la verdadera felicidad.

La persona obsesionada con la ambición desenfrenada es capaz de sacrificar familia, hogar, amigos, salud, bienestar y aun la misma honra para conseguir sus deseos, que, como inextinguible sed, le abruman de continuo. La ambición petrifica las facultades del que la padece, malogra las aspiraciones elevadas y sofoca todo lo hermoso, delicado y sensible que hay en su carácter, hasta endurecerlo, de modo que no responde a las vibraciones de la belleza, la verdad y la dulzura.

Dice Shakespeare: "Mi corona está en mi corazón, no en mi cabeza. No la adornan diamantes ni piedras preciosas, ni la ve nadie, porque se llama regocijo, y es tal, que pocos reyes se deleitan en ella".

Conozco personas que saben admirar la hermosura del universo; saben apreciar las bellezas naturales en las que muchísimas personas ni siquiera reparan, y encuentran infinito placer en agradables simplezas de la vida que otros no aciertan a estimar.

De toda circunstancia y contingencia podemos derivar lecciones provechosas, si percibimos que las cosas toman el color del cristal con que se las mira; y por lo tanto, debemos forjarnos la representación mental de nosotros mismos, tal como quisiéramos ser en plenitud de cualidades, porque todos somos hijos de Dios, que no sólo nos ayudará a cumplir nuestros legítimos anhelos, sino que nos infundirá un maravilloso sentimiento de serenidad y satisfacción interior.

La conducta es una consecuencia del pensamiento

Si constantemente pensamos en lo bello, sublime, noble y verdadero con el necesario esfuerzo para asimilarlo, acabaremos por dar a nuestro carácter estas cualidades maravillosas. Nuestras aspiraciones, deseos y anhelos están retratados en nuestra conducta.

Muchos buscan vanamente la felicidad mirando al futuro, con la esperanza de que otros tiempos y otras circunstancias posteriores los harán dichosos. Pobres de ellos, puesto que la felicidad no les llegará nunca y se darán cuenta muy tarde que pudieron haberla hallado en las circunstancias que actualmente les rodean si hubieran sabido aprovecharlas.

La tela de la vida se fabrica día tras día en el cumplimiento de los deberes personales, familiares y sociales, en la ocupación cotidiana de nuestra experiencia profesional y nuestros negocios, porque los sucesos extraordinarios e insólitos no influyen tanto en nosotros como los ordinarios y comunes que continuamente nos están moldeando.

¿Cuándo aprenderemos que la felicidad es el resultado de nuestros pensamientos habituales, de nuestros esfuerzos, anhelos y aspiraciones, de nuestra actitud mental y de nuestro modo de ver las cosas? A muchos les parece que la felicidad se halla accidentalmente como quien se tropieza con un lingote de oro, y al tratar de encontrarla no se dan cuenta de los momentos de placer, salud, contento y dicha que se encuentran a su alrededor.

Siempre estamos olvidando el presente en espera del futuro, sin valorar lo que tenemos para disfrutar, según recorremos el camino de la vida. ¿Cabe mayor locura que la de creer, como creen muchos, que mañana tendremos mejor opción de ser felices que hoy? Si desperdiciamos el hoy, ¿qué nos hace pensar que el mañana nos deparará algo especial? Pisoteamos las violetas y las margaritas en nuestro empeño de alcanzar los árboles más altos, y al final terminamos sin lo uno ni lo otro.

Infeliz aquel que se deja guiar por la ambición egoísta y se aferra a ella ciegamente con esperanza de hallar la paz en su logro, pues se le despertará otra ambición mayor con apetitos aún más voraces. Es como querer apaciguar la sed tomando el agua del mar, pues entre más bebemos de ella más sed experimentamos.

La ambición egoísta es un falso guía que sin remedio desbaratará la felicidad de quien la siga y le robará lo más caro y dulce que hay en la vida. ¡Qué cara pagan los ambiciosos su insensata pasión! ¡Cuántas tragedias ocasiona! Cuantas personas parece como si creyeran que es posible comprar la felicidad. No se dan cuenta que el dinero a lo sumo, les permite comprar algunos goces pasajeros, muy distantes de la felicidad y al final terminan por confundir el placer con la felicidad.

Nadie ha logrado todavía sobornar a la verdadera felicidad, que no tiene precio y que está tan a la mano del millonario como del menos acaudalado. De felicidad está lleno el mundo y en nuestro alrededor la encontraríamos con sólo recibir de buena voluntad la que en nuestro camino se cruzase.

Muchos hombres buscan la felicidad para sí solos, porque imaginan que consiste en la satisfacción de los deseos y el halago de los sentidos, sin advertir que cuanto más se satisface un gusto, y más complacemos un deseo, más opresivamente nos esclaviza.

A menudo oímos lamentarse a muchas personas de que no sacan provecho alguno de esta vida; pero precisamente su afán de mucho gozar es causa de sus lamentos. Quien más pone de su parte en la vida es el que mejores frutos cosecha de ella, del mismo modo que el agricultor no espera el premio de su trabajo, si antes no planta y siembra. A muchos la vida les parece algo así como un vagabundeo en vez de un cultivo. Siembra amor y alegría, cariño y servicio desinteresados, y nunca te volverás a quejar de la inutilidad de la vida ni de que el mundo no te ha dado la debida recompensa.

Ella Wheeler Wilcox dice al respecto: "A menos que tengas un corazón generoso, un corazón que se eleve a Dios en ardiente gratitud de algo, egoísta serás si vives descontento, porque nadie deja de tener motivos de agradecimiento; y el hábito de agradecer es uno de los más poderosos elementos de éxito y felicidad. Si al despertar damos gracias a Dios por aquel nuevo día con todas sus bendiciones, podremos pedirle después que nos dé fuerzas para mejorar de situación, si no estamos satisfechos con ella".

La verdadera felicidad procede del fomento y desarrollo de nuestra naturaleza espiritual. El egoísmo no puede nunca dar felicidad, porque continuamente está alimentando la naturaleza inferior con todo aquello que nos aleja de la felicidad. Nadie la hallará si no la busca con corazón puro, mente limpia y propósitos nobles en beneficio de sus semejantes.

Si el camino se nos presenta sin luz y al parecer sin salida, oscuro y cerrado, no creas que ya no hay otro camino para ti. Muchas veces Dios cierra temporalmente un camino para ver si sabes esperar y trabajar confiado en que cuando una puerta se cierra otra se abre.

El pensamiento recto es un poderoso imán, de suerte que cuando quieras ser o tener algo, lo tendrás o serás con sólo afirmar con fe lo que quieres ser o tener. Si anhelas salud y vigor; si quieres abundancia y no miseria, repite constantemente: "Estoy sano; soy fuerte; vivo en la abundancia; no puede haber penuria ni pobreza ni necesidad en mi vida. Soy rico porque obedezco las leyes y principios del éxito".

No hay felicidad posible para quien siempre está pensando en sus miserias, desdichas y tristezas y siempre muestra disgusto en sus pensamientos y acciones; porque como piensa el ser humano, así es, y una actitud mental negativa producirá efectos negativos.

La única felicidad posible es la resultante de nuestra manera de pensar y obrar rectamente. Si estás inconforme con tu situación, y la analizas cuidadosamente, verás que es la que corresponde como único resultado de tu conducta, pensamientos y acciones pasados. De manera que a nadie puedes culpar de tu infortunio sino a ti mismo. Si hubieras aprovechado los elementos de la verdadera felicidad, no llorarías el fracaso, ya que el éxito es el único resultado posible para quien vive una vida de rectitud, guiada por principios y valores íntegros y en bien de los demás.

En vano recorrerás el mundo entero en busca de la felicidad si no la llevas contigo mismo. La historia abunda en ejemplos de personas que fracasaron por haber buscado desesperadamente la felicidad toda su vida sin jamás hallarla, mientras que otros, sin estar enfocados en ella, fueron felices en el cumplimiento de su deber, y en el empeño de enriquecer y mejorar la vida de cuantos les rodeaban.

Dice sobre el tema Charles Dudley Warner: "La parte más lastimosa de este intransferible derecho a la felicidad, es que la mayor parte de los seres humanos creen que ésta consiste en la riqueza de bienes materiales, y por adquirirlos luchan continuamente, con desprecio de la positiva felicidad, en su afán de labrarse una fortuna, hasta que, al fin de la jornada, advierten que la tan anhelada felicidad se les escapa de las manos porque no cultivaron las cualidades internas con las cuales poder lograrla".

Sé de quien ha tenido gran éxito en su vida profesional, y sin embargo, está intranquilo y descontento como nadie. Siempre se compara con quienes obtuvieron mayor éxito y lograron mayor lucro de su profesión. Le irrita pensar que haya otros mejor acomodados y más famosos. Está aburrido de su modesta posición. Sin embargo, tiene una familia modelo, una esposa ejemplar, hijos nobles, y aunque en su hogar no hay lujos pomposos, como en el de sus vecinos, tiene una multitud de ventajas sobre ellos.

A pesar de todo, ni su excelente salud ni su ejemplar familia significan gran cosa para él, porque no repara en lo suyo y siempre mira qué hacen y tienen los demás, sin que su afán le deje tiempo para cultivar amistades y disfrutar de la vida.

Si él reflexionara sobre cuanto hace, podría alterar en pocos meses su autoestima, hasta convertirse en otra persona. Si cada día se detuviese unos cuantos minutos para desechar de su mente todo pensamiento de celos o envidia, y aprendiera a valorar lo propio en vez de pensar en lo que los demás hacen; si cada mañana se felicitara por tener una familia tan feliz y armónica, una esposa tan buena y bella, unos hijos tan educados, mientras que muchos sufren toda clase de problemas conyugales, seguramente que apreciaría mucho más su suerte.

Hay quienes, codiciosos de los ajeno, menosprecian sus propios goces, sin advertir que nadie podrá aprovechar lo propio y ser feliz mientras envidie lo de otros. El error está en desperdiciar los goces de nuestro alegre hogar, mientras miramos ansiosos la suntuosa mansión del vecino. No nos satisface un paseo a caballo por el campo o una excursión en canoa por el río, porque hay quien disfruta el lujo del automóvil y del yate. La vida colmará la medida de felicidad que para cada uno de nosotros disponga, con tal de que eduquemos nuestra mente en el aprovechamiento de cuantas oportunidades encontremos en nuestro camino, en vez de ambicionar las de nuestros vecinos.

Muchos hombres se parecen al capullo que crecía en el campo junto a la margarita. El capullo estaba descontento y envidioso del bello vestido y el esbelto talle de la margarita y ansiaba llevar uno igual. Pero un pájaro que por allí volaba oyó los insensatos lamentos del capullo que apetecía ser como la margarita, en vez de estar satisfecho con brillar por sí mismo, y le dijo: "Mira sin temor al cielo y conténtate con saber que Dios deseaba un capullo precisamente aquí donde tú creces".

Robert Burns afirma que la satisfacción interior abre el camino a una más amplia y plena satisfacción. La fuerza de voluntad, la influencia de la mente, la actitud con que aceptamos la vida y la interpretación que demos a los hechos y experiencias que se nos presentan son los factores determinantes de nuestra felicidad o nuestra pena en este mundo.

CAPÍTULO DOCE

Los enemigos de la paz y la felicidad en el hogar

*C*uriosamente, muchos de nosotros tenemos gratos pensamientos para el extraño y sonrisas para el huésped; pero a menudo tratamos ásperamente a los nuestros, a pesar del amor que les profesamos.

Muchos de nosotros seguramente habremos encontrado en nuestro camino a una de aquellas personas cordiales con sus socios, con sus amigos y compañeros de negocios, pero que en su casa se quita la máscara y no se cree obligado a contener su furia ni moderar su lenguaje, sino que todo le parece mal hecho; maltrata a todo el mundo, todo lo recrimina y entra en su casa como toro enfurecido.

Yo he visto a unas de estas personas encolerizadas en extremo, olvidar su furia y volverse manso como un cordero al llegar una visita. Se podría decir que había una íntima conexión entre el timbre de la puerta y el temperamento de aquel hombre, porque cuando parecía que le sería imposible dominarse, se apaciguó en un instante sin la menor dificultad al oír el llamado en la puerta, demostrando con ello que el dominio propio era para él cuestión más bien de vanidad y arrogancia y que se habría avergonzado de que la visita le hubiera visto presa de la ira.

A menudo este hombre se pasa toda la tarde y las horas de comer, hosco y malhumorado, sentado en un sillón sin el más leve intento de mostrarse agradable; pero en su lugar de trabajo, aunque las cosas le vayan mal, se cree obligado a dominar el carácter y parece amable, pues no quiere que sus amigos le vean tal cual es. Tiene demasiado orgullo y vanidad, pero, no se siente en el deber de mostrarse afectuoso con los suyos, porque le parece que está en su perfecto derecho de hacer cuanto le venga en gana, y ser tan ruin, rencoroso y antipático como le parezca. Nada hace para controlarse ni dominarse. Esta grosería y falta de compañerismo en la familia, y sobre todo entre marido y mujer, son los grandes enemigos de la paz doméstica. Desde luego que éste no es un mal que afecte exclusivamente al hombre.

La indiferencia y la crueldad son, evidentemente, características del egoísmo, raíz de muchas desdichas en el hogar. Muchas personas piensan más en su comodidad y bienestar, en el logro de sus ambiciones personales y en la satisfacción de sus propios gustos, que en la dicha de su familia. Piensan que no son egoístas, pero su pensamiento está tan enfocado en sí mismos y en sus ambiciones, que sólo piensan en los demás miembros de su familia por comodidad y conveniencia propia.

El verdadero amor lo sacrifica todo por el ser amado. Cuando la mujer se entrega por completo a su marido, que antes del matrimonio se mostraba tan afectuoso, atento y considerado con ella, para después no pensar en ninguna atención y volverse gruñón, altanero e intratable, no puede mas que sentirse infeliz. Parece imposible que fuera el mismo hombre del cual se enamoró. Y lo mismo sucede con muchas mujeres cuya personalidad y carácter cambia totalmente después del matrimonio. Quien no esté satisfecho de su vida marital, examine su conciencia para ver si a lo mejor buena parte de la culpa no es suya.

¿Por qué hemos de hablar a nuestra esposa en un tono que no nos atreveríamos a emplear con ninguna otra mujer? Sé cariñoso y amable y advertirás la eficacia del buen trato.

Dice a este propósito Ella Wheeler Wilcox: "Si supieras que tu mujer va a morir dentro de un mes ¿cómo te portarías con ella en aquellos treinta días? ¿Te enojarías por las bobadas que hoy te impacientan, y te mostrarías irritado y hostil contra la compañera de tu vida? Seguramente que no.

Por el contrario, la tratarías con amabilidad y cariño al considerar que pronto se iba a ocultar de tu vista aquel rostro y apagarse para siempre en tus oídos aquella voz. Verías en ella todas las cualidades; te acordarías de cuando eran novios e ignorarías sus faltas de la misma manera que lo hacías en aquella época. ¿Por qué no emplear entonces la misma suavidad, el mismo afecto y cortesía con ella a sabiendas que vivirá muchos años más, que cuando pensamos que moriría pronto?".

Todos los recién casados deberían proponerse no sólo mantener el amor conyugal, sino su manifestación, exteriorizada en mil atenciones. En la dicha del hogar está la fuerza del matrimonio, porque no es sólo profesar nuestro amor sino demostrarlo con las acciones.

Para muchos hombres, la poesía acaba en el matrimonio. Conocí un matrimonio en que el esposo mostraba el mayor desafecto a su mujer y la trataba más como a una criada que como a su compañera.

Si ella se quejaba de un dolor de cabeza o se sentía indispuesta, él pensaba que estaba fingiendo y la abrumaba con sus sarcasmos. Nunca se esforzaba en aligerarle la carga ni tenía para ella la menor consideración; no la trataba cortésmente ni quería responsabilidad alguna en la crianza de los hijos ni en la dirección de la casa, afirmando que no eran responsabilidades suyas.

¿Cabe mayor desengaño en la vida de un ser humano, que verse menospreciado por la indiferencia de su pareja en el hogar donde forjara tantos sueños?

La falta de respeto, los celos y la desconfianza envenenan la atmósfera de la familia, y en donde entran no puede haber paz. La pareja no debería jamás irse a dormir enojada. Quienes se aman profundamente creen que nunca tendrán la menor desavenencia; pero la mayor parte de matrimonios suelen enojarse por cosas de poca importancia, que evitarían si tomaran la resolución de no irse a la cama sin haberse reconciliado.

Nos ofendemos con mucha facilidad. Hay matrimonios que en disputas de mínima importancia se agravian mutuamente. Al día siguiente, el marido o la esposa salen de casa sin darle a su pareja ni siquiera un beso, quedando uno y otro todo el día disgustado y apesadumbrado, olvidando que un día se eligieron uno al otro para pasar juntos el resto de sus vidas. Por una absurda pequeñez se pelean y se ofenden, sin ver que no tiene sentido permitir que tan poca cosa destruya la felicidad del día. Si se detuvieran a reflexionar un momento, se avergonzarían y se pedirían perdón.

Decía muy acertadamente la poetisa Margaret Sangster: "Si esta mañana hubiese sabido cuán duramente iban a molestarme todo el día las ásperas palabras que te dije al marcharte, hubiese tenido más cuidado de no disgustarme sin necesidad alguna. Pero solemos irritar a los nuestros con miradas y voces cuyo efecto no podemos impedir. Porque aunque en la plácida mañana me des el beso de paz, siempre mantendré aquella pena en el corazón.

¡Cuántos salen de su casa por la mañana y no vuelven por la noche! Los corazones quebrantados por duras palabras dicen que la tristeza está con ellos. Tenemos pensamientos afectuosos para el extraño y sonrisas para el huésped temporal; pero a menudo guardamos para los nuestros las palabras amargas. ¡Ah! labios que haces muecas de disgusto. ¡Ah! entrecejo sombreado por el desprecio. Tal vez el destino cruel no tolere que la noche deshaga la obra de la mañana".

Un hijo le decía a su madre moribunda: "Has sido la mejor madre del mundo." La agonizante anciana volvió hacia él sus apagados ojos y repuso: "¿Por qué no me lo dijiste antes, Juan?"

Era aquella mujer una viuda que, para educar a su hijo, había trabajado duramente en las fatigosas faenas de lavar ropa y fregar pisos; pero por vez primera oía en labios de él palabras de agradecimiento. Imaginemos cuán valioso hubiera sido para aquella pobre y sufrida madre que su hijo le hubiera demostrado amor y aprecio en vida. ¡Cómo hubiese iluminado esta muestra de cariño la vejez de la fatigada madre!

Esta falta de cariño es palpable en muchos hogares. Muchas mujeres olvidan la necesidad de sus esposos por una palabra de afecto y cariño. Muchos hombres se ponen de mal humor al llegar a casa, porque su esposa no está tan alegre, animada y cariñosa como quisieran, sin tener en cuenta que muy seguramente está rendida por haber trabajado todo el día en el cumplimiento de las obligaciones del hogar o en su profesión; pero ¿qué hace él para aliviar su carga? ¿Cuántas veces se abstuvo de pensar en su propia distracción egoísta para ayudar con las labores domesticas? ¿Cuántas veces le obsequió flores o le dio un regalo que demostrase que había pensado en ella?

La felicidad debe tener su origen en el hogar donde reina el amor

El hogar es el sitio donde, fatigados del trabajo del día, se reúnen los miembros de la familia. Los niños llegan cansados de la escuela; si al padre o a la madre no le han resultado las cosas como esperaba en el trabajo –y puesto que durante todo el día tuvo que disimular el mal humor porque su amor propio le impedía descomponerse en presencia de los extraños–, al entrar en su casa descarga su ira concentrada, y su pareja y sus hijos pagan las culpas ajenas.

En vez de llevar al hogar sus más renovadas energías y su más animoso espíritu, reserva todo lo ingrato que reprimió durante el día, y después se sorprende de que su pareja y sus hijos no la reciban con cariño y le demuestren gozo al verla.

La paz del hogar demanda que las horas de la comida sean momentos especiales de expansión para todos sus miembros donde haya una conversación amena y cordial y donde cada uno pueda expresar sus mejores sentimientos.

Recuerda que la felicidad tiene su origen en el hogar. La familia, reunida a las horas de comer, debe irradiar satisfacción y alegría, que son la mejor compañía de la buena mesa y cuyo provecho en la salud del cuerpo contrastará con las molestias que provienen de una comida acompañada de disputas y sinsabores. La mesa es el lugar ideal para la expansión y cordial esparcimiento del ánimo de todos los miembros de la familia.

No te enojes si tus hijos arman un poco de bullicio en la mesa, o si, eventualmente estropean un mantel o rompen un plato. El excesivo cuidado de los muebles y vestidos, suele entorpecer el desarrollo de una buena relación con ellos. El mal humor y la frustración de los padres paralizan la espontaneidad de los hijos y merma la alegría de la paz en el hogar.

Muchos padres de familia son demasiado rigurosos. No permiten que sus hijos jueguen con todo el júbilo de su corazón. Bastante habrán de luchar más tarde con las asperezas de la vida y los obstáculos del mundo. Mientras crecen, démosle en el hogar tanta felicidad como sea posible, de modo que si algún día deben enfrentar momentos difíciles, puedan recordar su niñez en la casa paterna y evocar el pasado como una época grata.

Es importante proveer el hogar de agradable tiempo de recreo y esparcimiento, porque si los hijos prefieren la calle estarán más expuestos a los vicios y la maldad. El hogar debe ser una especie de escenario para toda clase de juegos y deportes infantiles en donde los niños sean los principales protagonistas, con la prudente intervención de las personas mayores, en algunas ocasiones.

Todos hemos sentido el aliento, la maravillosa paz, y el rejuvenecimiento derivado de un alegre rato de descanso con la familia y los amigos después de un arduo día de trabajo. No olvides el beneficio terapéutico de la lectura, ni dejes de tener música en casa, porque ésta restaura y mantiene el equilibrio mental y es excelente medicina para las enfermedades nerviosas y mentales.

Dice sobre el caso Platón: "La música da alma al universo, alas a la mente, vuelos a la imaginación, consuelo a la tristeza y vida y alegría a todas las cosas".

El esparcimiento de ánimo es la mejor medicina, no sólo para los niños, sino también para los padres. Dásela a grandes dosis, pues, además de ahorrarte muchas visitas al médico, acrecentará su dicha y multiplicará sus posibilidades de éxito en la vida. No necesitaríamos tantas cárceles, si todos los niños tuviesen una niñez dichosa. El hogar alegre y dichoso es el más poderoso imán para niños y hombres. Su memoria ha salvado a muchos de ir por el camino errado.

Los lemas del hogar feliz podrían ser: "Este lugar está reservado para el descanso y la felicidad" y "No se permite la entrada a los disgustos del trabajo".

CAPÍTULO TRECE

Los peligros de no salir tras aquello que anhelamos

*C*arlyle solía decir: "la ociosidad es una perpetua desesperación". Quien, a juicio de los demás, posea talentos especiales tiene el deber de no descansar hasta alcanzar los más altos niveles de sus capacidades. Por doquiera vemos personas jóvenes que parecen haber perdido el entusiasmo por todo, como si no encontraran interés alguno en la vida. ¿Por qué tienen que ser tan infelices?

Es difícil imaginar lo que lleva a ciertas personas a renunciar a sus sueños, y preferir emplearse en trabajos contrarios a su gusto y ganar lo suficiente para sobrevivir. Como águila cautiva que se debate contra los barrotes de la jaula, nada más lastimoso en este mundo que el tormento de un deseo imposible de lograr.

Suspiramos por la libertad de poder levantar el vuelo y desplegar las alas y sin embargo, perdemos nuestro poder porque nos negamos a ejercitarlo. Malgastamos la vida y debilitamos nuestras fuerzas en esfuerzos mezquinos y ocupaciones sin sentido.

Nunca abandones tu ideal. Si olvidas tus aspiraciones y dejas marchitar tu talento, se corromperá toda tu naturaleza y quedarás abierto a todo tipo de tentaciones. Nuestra mayor salvaguardia está en ir en pos de un ideal que satisfaga nuestras necesidades espirituales, afirme nuestros propósitos y normalice nuestra vida. Cuando nos apartamos de nuestras aspiraciones supremas, perdemos la seguridad y convicción, y nos abandonan la paz y la tranquilidad.

El ser humano ha sido creado para la acción. Debe ejercitar la mente, y si lo hace con rectitud, desarrollará su salud y experimentará un vivo sentimiento de satisfacción que, a su vez, le sirva de estímulo para realzar su naturaleza y continuar con éxito en el logro de sus principales aspiraciones.

Es una tremenda agonía estar convencido de tener ciertas capacidades naturales y sentirse impotente para emplearlas; sentir que pasan los años y no adelantar un paso en la vida; darse cuenta que el tiempo transcurre sin obtener resultados positivos de nuestro esfuerzo; ver que cada vez se aleja más de nosotros el éxito que tanto anhelamos; ver que la vida pasa sin haber hecho nada notable y las oportunidades se nos escapan insensiblemente, y sin embargo, sentirnos instigados por el deseo de lograr grandes cosas. Sin acción nuestros sueños se convierten en torturas.

Nada hay tan importante en la vida como hacer lo que amamos y amar lo que hacemos. Cuando es así, el ejercicio mismo de nuestras tareas y actividades diarias es suficiente para motivarnos y estimularnos a continuar moviéndonos. Nadie realizó a la fuerza grandes ideales ni construyó grandes empresas, pues si no se pone el corazón en ellos faltará la vida, la convicción y la fuerza necesarias para realizarlas.

Nada hay que produzca más dolor que tener el convencimiento de que somos capaces de nobles empresas, y sin embargo, vernos imposibilitados de realizarlas por circunstancias que creemos ajenas a nuestra voluntad, que nos obligan a ganarnos la vida trabajosamente, cuando hubiéramos podido ganárnosla inteligentemente.

Es muy fácil decir que el ser humano es una criatura susceptible de adaptación, y que, por lo tanto, puede acomodarse a cualquier condición que le rodee; pero si el trabajo no se adapta a sus aptitudes, jamás sobresaldrá en él ni lo llevará a cabo con la debida efectividad y entusiasmo. No permitas que la vida pase de largo mientras tú te conformas con mirar y suspirar por lo que pudo haber sido. Haz que las cosas sucedan. Recuerda que el universo sólo premia la acción.

¿Quién será capaz de describir el sentimiento de triunfo que invade al inventor, el gozo que le inunda cuando ve por primera vez el invento que surge de su cerebro y es creado por sus manos para mejorar alguna condición de las demás personas?

¿Quién se puede imaginar la satisfacción del científico que, tras largos años de batallar con la pobreza, el menosprecio y la incomprensión, logra arrancar a la naturaleza algún secreto cuyas aplicaciones beneficien a la humanidad?

¿Qué diferencia hay entre la persona indiferente, de mente débil, sin propósito definido en la vida y aquella de recia voluntad cuyas fuerzas internas le empujan a realizar altas empresas?

Es simple, las personas de éxito poseen el sentimiento instintivo de que actúan favorecidas por el supremo poder de Dios, que los empuja al logro de los más altos ideales. Con esa confianza, el único camino posible es la acción.

La ociosidad es la fuente de la desdicha

El Rey de Persia contemplaba admirado un baile de parejas, y decía: "¿No pueden estas personas pagar a quien baile por ellas?" Pensaba eso, porque, según él, ver el baile era más agradable que bailar.

Al respecto, Carlota Perkins Gilman afirma que: "Los placeres más puros de la vida se encuentran en hacer más que en apreciar lo ya hecho. Más placentero es pintar un cuadro que contemplarlo y más agradable es cantar que oír el canto. El ser humano está dotado de todos los medios imaginables de deleite; la posesión de objetos agradables produce placeres pasajeros. Sin embargo, el placer que hay en la acción es duradero".

Si de pronto desapareciera el fruto de los hombres laboriosos, que con sus descubrimientos e invenciones han acelerado el progreso humano y nos viéramos sometidos al capricho de los holgazanes y los perezosos ¡cuán triste fuera la suerte del mundo!

La felicidad es incompatible con la holgazanería de una vida sin ideales. El ser humano no ha sido creado para permanecer ocioso, pues todo indica que necesita de la acción firme y vigorosa para crecer y desarrollarse.

La felicidad proviene de ejercitar nuestras facultades. Cuando no las utilizamos con frecuencia se debilitan, alterando la armonía mental. Cuando nos negamos a hacer nuestra parte en la obra colectiva de la humanidad, nuestra vida pierde su sentido de logro.

Uno de los aspectos más desconsoladores de la vida moderna es el cada vez mayor número de personas que, al no poseer grandes propósitos ni nobles ideales, quedan esclavizados por una vida dedicada a subsistir, que poco a poco se degenera en la ociosidad completa.

El rico ocioso no puede ser feliz de ningún modo, ya que continuamente le atormenta el convencimiento de su inferioridad personal, derivada de la inacción en que mantiene sus facultades. La naturaleza se encarga de destruir todo cuanto no cumple ningún propósito ni presta ningún servicio útil. No puede ser honrado, por ejemplo, quien se rehúsa a trabajar en la medida de sus fuerzas. Por consiguiente, quien anhele la dicha, no sólo debe ser activo, sino que hará lo mejor que pueda, pues, de lo contrario, el remordimiento empañará su felicidad.

Hay jóvenes de familias ricas que en su vida no trabajaron ni un solo día ni ganaron con su esfuerzo lo suficiente para comprarse un par de zapatos, y sin embargo, en ocasiones se les oye lamentarse de las fatigas que les causan sus viajes y diversiones.

Es un hecho que siempre disfrutaremos mucho más de los bienes adquiridos por nuestro propio esfuerzo que de aquellos que hayamos heredado. El perezoso no conoce el placer de los días festivos, como el hombre laborioso que se ha ganado su descanso con el fruto de su esfuerzo. No es posible que el holgazán y perezoso se estime a sí mismo pues de hacerlo le remordería la conciencia. Nadie debería jactarse de alcanzar la felicidad si no es en algún modo útil a sus semejantes, pues la felicidad es hermana gemela del amor al prójimo.

Cuando un hombre se entrega a la ociosidad, muy pronto se verá en la incapacidad de reanudar el trabajo y le asaltará el sentimiento de inferioridad frente al hombre laborioso. No hay en el universo lugar adecuado para el holgazán, pues todo en la vida tiene su provecho, utilidad y servicio, por lo que el ocioso forzosamente será detestado y considerado como inútil y miserable.

El goce y la satisfacción en el trabajo

Renan solía decir: "Nada como el trabajo para infundir amor a la Vida. Dichoso el que trabaja". Y que mejor que saber que trabajamos en el logro de nuestros sueños y nuestros ideales, realizando aquello que hemos escogido como vehículo para lograr nuestros deseos.

La base de la salud y la felicidad está en cumplir gustosamente nuestra tarea y no mirarla como un yugo. El trabajo debe ser un estímulo y no una molestia, para que la vida sea un deleite y no una lucha.

Erróneamente, muchos miran el trabajo como una maldición lanzada contra el hombre por su pecado. Sin embargo, el trabajo es la mayor bendición del hombre, porque la mente activa crece, se desarrolla y está libre de tentaciones.

Una carrera, trabajo o negocio para el cual se tenga vocación, es un poderoso educador del carácter, ya que nos permite fortalecer todas nuestras facultades con el ejercicio continuado. La ley de la naturaleza es que se atrofie y destruya todo cuanto no se ejercita provechosamente, sea una máquina industrial o el cerebro humano.

Pero cuando no hay vocación ni gusto por lo que hacemos, y el trabajo se convierte en penosa tortura, el hombre pierde la agilidad mental y la paz del espíritu, necesarias para continuar creciendo y desarrollándose. En tal estado es imposible para cualquier ser humano aspirar a vivir una vida de prosperidad.

La historia nos enseña que las personas más activas son las más felices, porque, en efecto, la pereza es una tremenda maldición y uno de los peores enemigo de la dicha humana. El holgazán, por caudales que posea, es el hombre más desgraciado del mundo, pues el dinero no puede sustituir de por sí la actividad.

Todo ser humano tiene el deber de trabajar; pero la diferencia está en si trabaja con eficacia, como ser inteligente, o si trabaja a disgusto con la inconsciencia de una máquina. Es verdad que no siempre puede el hombre escoger la ocupación que es más de su gusto, pero sí puede cumplirla con ánimo y predisposición. Y si así lo hace, pronto encontrará la posibilidad de empezar un negocio o trabajar en aquello que le produzca mayor felicidad.

Nunca quiso Dios que el trabajo fuese una pena, sino un goce, como sucede con aquellas personas que trabajan en su propia empresa. El ánimo, la armonía y el bien que reinan allí hacen que la mente trabaje mejor. La mente calmada y la disposición placentera de ánimo son el capital que rinde más cuantiosos dividendos. Y si nos mantenemos felices más negocios atraeremos hacia nosotros.

Desde luego que nadie se libra en esta vida de contratiempos, tribulaciones y disgustos; pero debemos tomar la determinación que ninguna contrariedad turbará nuestra mente ni quebrantará nuestra felicidad, porque muy doloroso es ir cargados con pesadumbres sin importancia, que nos quitan la alegría y satisfacción de la vida.

Vaya como vaya nuestro negocio, debemos entender que nada producirá tantos frutos como aquella energía que empleemos en ser cordiales con nuestros socios, empleados o clientes. La desconfianza, la dureza de trato, la altanería y la inflexibilidad provocan siempre el fracaso, y muchos empresarios no prosperarán en su negocio por la manera brusca y áspera como tratan a los demás, particularmente a aquellos que trabajan con ellos. Su mal trato sofoca en ellos toda iniciativa, desvaneciendo sus esperanzas, matando su confianza y convirtiendo el trabajo ennoblecedor en una tortura.

Los empresarios exitosos saben lo importante que es para ellos el bienestar y la felicidad de sus dependientes, y comprenden que la mejor inversión es aquella realizada en beneficio de los demás, pues tanto más y mejor trabaja una persona cuanto mayor es la recompensa moral y material que recibe por su trabajo. La actitud de la mente tiene muchísima importancia en la calidad y cantidad de nuestra labor, y si nuestra actitud mental es pobre y negativa, no funcionará debidamente nuestro cerebro ni nuestras facultades darán de sí todo el fruto posible.

Si eres empleado, no trabajes con pereza, angustia y miseria; aduéñate de la situación en vez de esclavizarte a ella. Sobreponte a las molestias que turban la paz y la armonía y piensa que tu grandeza no puede perecer a causa de pequeñeces. Haz el propósito de dominar el negocio con serenidad y valentía.

La política de los empresarios exitosos es cumplir con el deber de realzar y engrandecer, en cuanto les sea posible, la vida de quienes los ayudan a llevar adelante el negocio. Ellos saben que no pueden esperar que sus empleados tengan buen ánimo para trabajar con empeño, si constantemente se ven lastimados por caras hoscas y palabras ofensivas. La energía es un aspecto del entusiasmo; y ¿cómo podrán ser entusiastas y enérgicas aquellas personas que deben realizar su trabajo en medio de una atmósfera de despotismo y desconfianza?

Nada contribuirá con tanta eficacia a nuestra felicidad como la costumbre optimista de verlo todo con buen ánimo, y una mente esperanzada y afectuosa. El optimismo es un grandioso credo y la filosofía más propia para aplicarla a la vida cotidiana. El tener grandes expectativas de nuestro trabajo y el ver a las personas y cosas por su aspecto más positivo, es la prueba de una mente sana.

Muchas personas son pesimistas porque no ven ninguna relación entre su manera negativa de pensar y los resultados que obtienen de su trabajo y actividades diarias. Para ellas el trabajo es una maldición. Ellas no pueden creer que sea posible extraer nada positivo de las circunstancias difíciles y obstáculos que la vida les presenta.

Dice sobre el particular el Dr. Thomas R. Slicer: "La desdicha de la vida proviene de la agitación con que la llevamos. No consiste en el trabajo, sino en el tedio. El trabajo útil, intensivo y bien ordenado no mata a nadie; pero la precipitación, la premura en hacer en una hora lo que exige dos es causa de infelicidad y angustia, porque el gozo deja de serlo cuando no aprendemos a hacer nuestro trabajo de manera ordenada y productiva".

Cuando una persona termina un trabajo a su entera satisfacción por sentir que lo ha realizado correctamente, se recrea en su obra y crece el respeto de sí mismo. Pocas cosas nos hacen tan felices como saber que hemos utilizado nuestro verdadero potencial en el logro de nuestros objetivos. Cuando pierde su visión de aquellos sueños que la motivan no vive realmente, sino que tan sólo existe. En cambio, nadie se fastidia y se aburre cuando trabaja de conformidad con su aptitud, en pos de sus sueños.

La misma naturaleza de las cosas señala que el ser humano debe hallar en el trabajo cotidiano su más viva satisfacción, su más intenso gozo y su mayor felicidad. Desde luego que hay actividades divertidas que nos producen satisfacción y gozo: el viajar, el contemplar obras artísticas, la lectura de libros amenos, los espectáculos escénicos, los ratos agradables en compañía de los amigos, los conciertos, el arte; pero sólo el amor al trabajo realizado en pos del bien nuestro y de nuestros semejantes nos proporcionará el regocijo cotidiano.

Como crecerían nuestros negocios si cada miembro de la organización comenzara el trabajo cada mañana con el entusiasmo del artista que espera impaciente el momento de reanudar su obra, con el ahínco del escritor que ansía terminar las páginas del libro, vertiendo en ellas las ideas concebidas durante el sueño de la noche anterior.

Todos debiéramos dirigirnos al trabajo diario con el gozoso afán de ver nuestro negocio abierto. Así garantizaríamos nuestro éxito. Que gran ejemplo sería este para nuestros hijos, en lugar de meterles en la cabeza la idea de que el trabajo es un castigo impuesto por la dura necesidad de ganarnos el pan de cada día. Convendría enseñarles que la parte material y lucrativa no es la principal, sino tan sólo un simple producto del ejercicio de nuestra profesión, pero que el más alto fin es el gozo que surge de hacer nuestro trabajo a conciencia y con carácter. Entonces irían los jóvenes a sus ocupaciones diarias tan alegremente como van a su deporte o diversión favorita.

CAPÍTULO CATORCE

Cómo mantener el optimismo en medio de la adversidad

No importa que el día sea oscuro, porque tú puedes iluminarlo; y si es brillante, puedes aumentar su resplandor con una palabra cariñosa, una muestra de gratitud o un apretón de manos efusivo a otro ser humano. Si tienes enemigos, perdona y olvida. Si cada cual pensara en lo mucho que puede contribuir a la dicha humana, no habría tanta miseria en el mundo.

Cierta anciana de rostro tranquilo y sereno, que parece no dejarse afectar por las tribulaciones propias de la mayoría de las personas, encontró a una acongojada amiga, quien quería averiguarle a ella cuál era el secreto de su felicidad.

La señora respondió: "Querida amiga, tengo el *Libro del placer*".

-"¿Y qué libro es ese?", preguntó su amiga.

-"Pues, el *Libro del placer*", volvió a responder la anciana y prosiguió a explicarle. "Hace muchos años aprendí que no hay día tan triste y sombrío, por mucho que lo sea, sin que aporte por lo menos un rayito de luz, y me propuse entonces ocupar mi vida en escribir en sus páginas las cosas sencillas que tanta importancia tienen para una persona.

Desde que salí del colegio llevo un diario para cada año, donde anoto cosas al parecer tan insignificantes como estrenar un traje, la conversación con un amigo, las inquietudes de mi esposo, una flor arrancada, un libro comprado, una carta recibida, un paseo por el campo, la asistencia a un concierto o una excursión. Todo esto lo anoto en mi *Libro del placer*, y cuando me acomete la angustia y la tristeza, me basta leer unas cuantas páginas para volver a recobrar la felicidad. Le enseñaré a usted mi tesoro, si gusta".

La afligida y descontenta amiga hojeó el libro que la señora le trajo, y leyó una de las anotaciones, que decía así: "Recibí una afectuosa carta de mamá. Vi un hermoso lirio en una ventana. Encontré el alfiler que había perdido. Mi marido me trajo un ramo de flores."

Después la apenada amiga repuso: "¿De modo que tiene usted un placer para cada día?"

-"Así es, uno para cada día".

¿No sería bueno que todos siguiéramos el ejemplo de la anciana señora y tuviésemos un *Libro del placer*?

¡Benditos los que difunden el gozo en torno suyo! Afortunadamente, hay quienes consideran la vida un precioso don y parece como si hubieran nacido en la mejor época y en el mejor lugar del mundo.

La persona positiva lleva continuamente consigo una influencia que actúa sobre los demás, y despierta los mejores sentimientos en aquellos con quienes trata, dándoles fortaleza, valor y felicidad. Así convierte el más árido paraje de este mundo en un lugar luminoso, radiante y cálido donde los demás puedan vivir. Quien la encuentra por la mañana recibe alivio en las luchas y tribulaciones de aquel día y su apretón de manos infunde nuevo vigor en las venas. Después de conversar con ella unos minutos, sientes como si el ánimo creciera y se aumentaran las energías y el estímulo de vivir.

Aquel que sabe ayudarle a los demás a descubrir los tesoros ocultos a su alrededor, y ve potencial y oportunidad donde los demás sólo ven problemas, logrará sacar mayor utilidad de la vida. Hay quienes poseen la maravillosa facultad de tomar un acido limón que les haya dado la vida y convertirlo en dulce limonada. Su presencia es como un tónico que nos vigoriza y ayuda a sobrellevar nuestra carga.

Le preguntaron a una señora cómo se las arreglaba para estar bien con gente brusca, y respondió: "Es muy sencillo. Me fijo tan sólo en sus cualidades y paso por alto sus defectos".

Así son de mejor trato y más buenos amigos las personas que tratan de ayudarnos a eliminar nuestros vicios mediante el estímulo y elogio de nuestras virtudes, de modo que nos convirtamos en personas de elevados ideales.

Lamentablemente, pocas personas poseen un estado mental de excelencia que las ayude a sobreponerse a sus penas y desengaños. La mayoría prefiere emplear su tiempo hablando continuamente de sus caídas y decepciones como si no hubiese otra cosa de mayor importancia que hablar. Forman una tenebrosa atmósfera alrededor suyo, sin darse cuenta que no podrán ser verdaderamente fuertes mientras no dejen de enfocar su visión en los contratiempos de la vida, en lugar de fijarla en la grandeza de un noble ideal.

Si aprendes a disimular tus penas y trabajar con paciencia y discreción pronto encontrarás de nuevo el camino al éxito. Para las tribulaciones no hay remedio más eficaz que la fortaleza de ánimo. Recuerda que las caídas son parte normal de la vida, y no se nos ha dado la vida para lamentarnos, sino para emplearla en el servicio de nuestros semejantes.

Cuenta Goethe que la cabaña de un pastor quedó en cierta ocasión iluminada por una lamparilla de plata, cuya mágica luz convirtió en plata las puertas, suelo, techo y muebles de la choza. Asimismo, una sola alma luminosa tiene poder bastante para embellecer un hogar infeliz.

A veces nos enojamos y maldecimos el día porque un automóvil nos salpicó los zapatos, cuando debiéramos pensar en las maravillosas energías que a través del universo actúan en nuestro diminuto planeta, y unas veces lo envuelven con la luz del sol, y otras lo cubren con un cielo nublado, para luego evaporar las aguas de lagos y ríos, y devolverlas posteriormente en lluvia, granizo o nieve, equilibrando de este modo las fuerzas naturales en el maravilloso ciclo del mundo. Bellezas tiene el cielo gris; maravillas hay en cada gota de lluvia; infinitos portentos encierra un copo de nieve. ¿Por qué ignorar todo esto y alterarnos sólo por una inconveniencia pequeña y sin sentido como unos zapatos mojados?

Sé de una mujer paralítica que durante muchos años estuvo sin moverse de su cuarto, sentada en una butaca, desde donde sólo veía las copas de los árboles; y a pesar de todo, se mantenía tan cariñosa y placentera, que todos iban a verla afligidos, y se marchaban reanimados. Sin embargo, si sólo nos fijamos en su situación, se podría pensar que esta mujer es digna de lástima e, incluso algunos llegarían a pensar que poco aporta al mundo; pero, en realidad, su vida es de mayor mérito que la de otras personas que tienen todas sus facultades físicas. ¿Por qué? Porque posee la mejor riqueza: la del alma positiva y entusiasta que se sobrepone a todo contratiempo y aflicción.

La felicidad no es un accidente. No reside en las cosas, ni depende, como la mayoría piensa, de tener o no dinero. Desde luego que en igualdad de circunstancias el dinero proporciona ciertas ventajas, aunque no muchas, pues no difieren gran cosa las comodidades de una morada suntuosa, de las del modesto, pero limpio y aseado hogar, en donde el amor reside.

Efectivamente, el amor es a menudo extraño en los palacios y ni el bienestar ni la dicha pueden tener su asiento en el hogar falto de amor y confianza. La cordialidad, sencillez, amor, honradez, caridad, desinterés, simpatía y sinceridad son las cosas más apetecibles de la vida, que todos nos debemos esforzar en poseer.

William Rugh, muchacho lisiado, vendedor de periódicos, de la ciudad de Gary (Indiana), ofreció su pierna para que tomaran la piel necesaria para un injerto que le salvó la vida a una niña enferma, a quien él ni siquiera conocía. La niña curó, pero los pulmones del pobrecito William no pudieron resistir la anestesia utilizada en la operación y murió como resultado de ello. En la agonía fue su niñera a postrarse junto al lecho de muerte, llorando, con el rostro hundido en la almohada. El niño moribundo le tomó la mano, le acarició los cabellos, y le dijo: "No llores. Hasta ahora, no había hecho mucho con mi vida, y ya ves cómo hice algo en beneficio de alguien". Antes de morir dijo: "Dile a la niña que muero contento".

Admirable sería nuestro mundo si todos nos esforzáramos vigorosamente en adquirir las cualidades que forman un carácter optimista y servicial. No necesitaríamos entonces tribunales ni prisiones. La *Regla de oro*, de tratar a los demás como nosotros deseamos ser tratados, sería por doquiera la ley de la vida.

Junto al deber de la generosidad está el del gozo. Lo que es la madurez para el fruto, el canto para el ave y el estudio para el entendimiento, es la felicidad para el alma.

Así como la ignorancia y la bajeza ponen de manifiesto una mente mal educada, así también el infortunio y la miseria revelan un corazón descuidado.

Dice a este punto el escritor Robert Southey: "Un goloso se ponía anteojos de aumento cada vez que iba a comer cerezas, pues de este modo las veía más grandes y apetitosas. De igual manera hago yo para disfrutar más la vida; y cuando no puedo apartar la vista de mis pesares, los guardo en un envoltorio muy chiquito para mí solo, sin molestar a nadie".

En cuanto a la felicidad material, somos más ricos de lo que creemos, pues en nosotros hay mil manantiales de gozo que todavía no hemos aprovechado. Pensemos la felicidad que experimentaría una persona sorda y ciega de nacimiento, si de repente recobrase la vista y el oído, y pudiera ver y escuchar aquellas cosas en la naturaleza que los demás pasamos por alto. Te aseguro que a ella no le molestaría un día gris o el ruido de las calles que tanto nos disgusta a los demás, y que a veces permitimos que estropeen nuestro día.

Capítulo quince

El camino a una vida larga y placentera

$\mathcal{D}$ecía el novelista inglés George Meredith al cumplir los setenta y cuatro años: "Ni de corazón ni de mente me siento viejo, y aún miro la vida con ojos juveniles".

No podemos contar la edad de los hombres por el calendario, sino por el espíritu, el temperamento y la disposición mental, pues hay jóvenes de setenta años y viejos que aún están en los treinta. La vejez se expande en una desgastada juventud como el fuego en una casa de madera carcomida. Nadie llega a viejo hasta que lo es de ánimo y pierde todo interés por la vida y su corazón no es capaz de responder a las emociones. Envidiable suerte es mantener hasta el último momento la mente vigorosa y la delicadeza de sentimientos, para hallar en lo más profundo de nuestra alma la fe de los años juveniles en el momento de morir.

La juventud no logra comprender que la tarde tiene más ricos y deliciosos matices que la mañana. El ocaso es muy bello y a menudo más glorioso que la aurora. Los años dorados deben ser precisamente tan hermosos como la niñez, porque es en los comienzos de la vida donde se origina su fin.

La vejez tiene grandes goces, cuando llega al final de una vida bien aprovechada, que deja tras de sí agradables recuerdos y honrosas satisfacciones. Al entrar en el puerto de la tercera edad, después de una dura travesía por el tormentoso mar, experimentamos una sensación de descanso y seguridad.

Se dice que quienes mucho viven mucho esperan y si mantenemos firme la esperanza a prueba de desengaños y resistimos con agradable semblante todo tipo de contratiempos, no será fácil que la edad nos surque de arrugas la frente. El júbilo es hermano de la longevidad.

El tiempo respeta los caracteres plácidos y serenos. Toda persona de avanzada edad estará tranquila y equilibrada, porque deben haber cesado ya en ella las agitaciones y disturbios de la juventud. La dulce dignidad, el sosegado reposo, la expresión tranquila son las características de los viejos que no dejan tras de sí remordimientos de conciencia. A pesar de los años, joven es quien mantiene vivo el entusiasmo e inunda su mente de optimismo, sin que le abandonen la esperanza ni la fe en su destino.

El elixir de la juventud que durante tanto tiempo buscaron los alquimistas en todo tipo de lugares místicos está dentro de nosotros mismos. Nuestra mente esconde el secreto. El secreto de la eterna juventud sólo se encuentra con la rectitud en el pensar. Es así como nuestra verdadera edad depende de cómo pensamos y sentimos, pues los pensamientos y las emociones influyen decisivamente en el aspecto de nuestra personalidad.

El equilibrio mental produce armonía y la armonía conserva y prolonga la vida. Todo cuanto altera la paz de nuestra mente o trastorna su equilibrio, produce fricciones que rápidamente desgastan el delicado mecanismo de la vida.

Pocos saben cómo protegerse de las influencias corrosivas que los rodean. Nada más efectivo para ello que conservar en la mente las optimistas y esperanzadas imágenes de la juventud, con todas sus glorias y magnificencias.

El siempre vivo espíritu de juventud es manantial perenne de todas las facultades mentales; pero nos equivocamos al limitar a la juventud los mayores goces de la vida afirmando: "Deja que los jóvenes se diviertan. Sólo han de ser jóvenes una vez. Ya les llegará la vejez. Que sean felices antes de encararse con el infortunio".

Sin embargo, la persona de conducta irreprensible experimentará mayor gozo y será mucho más feliz a los setenta años que a los veinte, porque cuando una persona llega a esa edad ya es esclavo de sus costumbres y no puede renovar las células de su cerebro ni las facultades de su mente tan fácilmente, sino que ha de atenerse al fruto de las que sembró y ejercitó en la juventud.

Una de las razones por las cuales la mayor parte de la gente teme a la vejez, es porque no se prepararon convenientemente para recibirla tranquilos. Atendieron con preferencia a los intereses materiales y descuidaron los morales y espirituales, que son los que verdaderamente le dan la contextura a la vida. La pesadumbre de la vejez es la aparente imposibilidad del ejercicio mental, ya que la mente sin ocupación siempre estará angustiada.

Así es que todo nuestro esfuerzo en la juventud y en la vida adulta debe ser el adquirir los hábitos, los valores y los gustos por todo aquello que nos ayude en la vejez. Porque sí, por ejemplo, no hemos cultivado el gusto y la afición a la lectura en la juventud, difícilmente lo contraeremos en la vejez, que por ello será árida y monótona. Quien durante toda su vida se haya cuidado de crecer y desarrollar su mente mediante la lectura de buenos libros, el estudio, la admiración de todo lo que el universo tiene que ofrecer, el trato personal y el amor a la verdad y la belleza, no podrá estar ocioso y aburrido en sus últimos años.

Uno de los mayores inconvenientes de la agitada vida de los negocios es que quienes se retiran de ellos sólo se llevan su fortuna material sin haber preparado el goce positivo para la vejez, porque en la juventud no desarrollaron las cualidades de las cuales proviene la felicidad duradera. No permitas que esto te ocurra; construye tu negocio sin desatender las otras áreas de tu vida. Sólo así, cuando decidas dejar la vida activa en los negocios podrás contar con haber acumulado mucho más que riquezas materiales.

Por esto vemos que la persona retirada de los negocios siente ansia de volver a ellos, porque durante su vida se limitó al área de su negocio, habiendo descuidado todo lo demás. Mientras en su juventud luchaba por abrirse camino y más tarde por consolidar su negocio y crear su fortuna, veía a la distancia una vejez descansada que le permitiera disfrutar los frutos de su esfuerzo.

Una vez retirada del negocio, le pareció al principio que hasta entonces no había tenido tiempo para vivir; pero muy pronto los días empezaron a hacérsele largos y fastidiosos y advirtió que no estaba en condiciones de disfrutar más allá de la rutina interpuesta entre el negocio y el hogar. Se atrofiaron sus facultades, ejercitadas hasta entonces tan solo en las cosas de negocios, sin haber ejercitado aquellas facultades concernientes a su vida espiritual, su familia o su papel en la comunidad.

Frecuentemente oímos hablar de personas que, labrada su fortuna, se retiraron de los negocios con robusta salud y en pleno vigor mental, y sin embargo, muy pronto fueron decayendo en la inactividad hasta morir. Muchos hay que se afanaron en ganar dinero trabajando arduamente, con la esperanza de ser felices algún día, y al llegar a los sesenta o setenta años habían malogrado sus más valiosas cualidades.

¡Afortunada es la persona que en la juventud no descuida la educación de su mente y se predispone al provechoso disfrute de su retiro! Será feliz en la vejez porque hay infinidad de medios para proporcionar tranquilos goces a una mente bien cultivada.

Si sembró el amor por la lectura, hallará en ella satisfactoria distracción, imposible para el que durante medio siglo estuvo ciegamente sumido en los negocios sin leer siquiera un libro. La persona que en su atareada vida dedicó algún tiempo al ejercicio, hallará al fin de sus años la cumplida satisfacción de gozar de una buena salud. Si conociéramos el secreto de lo que los orientales llaman "orientación de la mente", lograríamos, sin dificultad, mantener hasta muy avanzada edad el vigor del cuerpo y la placidez del ánimo, con sólo rechazar todo pensamiento negativo y sembrar en nuestra mente sólo pensamientos puros, justos e íntegros.

La humanidad mejoraría enormemente si nos acostumbráramos a no pensar en lo que pueda destruir nuestro equilibrio mental y mantuviéramos nuestra mente en constante disposición de amor, caridad, generosidad y altruismo hacia todos los seres.

Hay algo de amargo en nosotros cuando nos levantamos de mal humor y tratamos ásperamente a los que se nos acercan. Sí, algo de deplorable hay cuando no somos capaces de despertarnos con anhelo de hacer de cada día el mejor de nuestra vida. Porque, no son las preocupaciones del día las que encanecen nuestra cabeza y arrugan nuestro rostro, sino más bien la actitud con que comenzamos cada mañana.

Recuerda que la disposición de ánimo influye muy poderosamente en la longevidad. El propenso al enojo, la ira y el tedio envejece muy rápido, mientras que el temperamento sereno y tranquilo es el más poderoso elixir de larga vida.

Desde luego que no debemos pretender vivir como ángeles y morir como santos; pero no es difícil llevar una vida acorde con las sabias leyes de la naturaleza, sin excesos, ni abusos del organismo. Por lo que toca a la salud del alma, debemos evitar la tenebrosa compañía de la ambición, el orgullo, la pereza, la melancolía y el tedio, para buscar el luminoso compañerismo de la generosidad, la amistad y el amor.

Dice Lyman Abbott que el placer es propio de la juventud, el gozo de la madurez y la dicha de la vejez. Por lo tanto, la última época de la vida es la mejor, como antesala del hermosísimo lugar en donde ni el tiempo ni la muerte podrán marchitar la eterna felicidad.

Sin embargo, nadie necesita esperar la vejez para ser dichoso, porque quien en sus primeros años acierta a descubrir el secreto de la dicha puede desafiar a todos sus enemigos, diciendo como San Pablo: "También nos glorificamos en nuestras tribulaciones, porque son motivos de paciencia, de las cuales nace la esperanza, cuando el amor de Dios está sembrado en nuestro corazón".

El ánimo placentero, esperanzado y amoroso se sobrepone a la pesadumbre de los años. El corazón puro, el cuerpo sano y la mente generosa alumbran en nuestro interior la fuente de perpetua juventud e inundan nuestra alma de la alegría del vivir. Y todo esto, en conjunto, nos ayuda a labrar nuestro camino a la felicidad.